画文集

芸人とコメディアンと

文　高田文夫
絵　峰岸達

二見書房

まえがき

高田文夫

極上の一冊ができたと思う。私の大好きな“笑芸”の人達が次から次。お笑い道楽にとってはたまらない一冊である。

ことの発端はこうである。イラスト界では超有名で、少し偉い峰岸達《とおる》画伯から声を掛けられた。

「私と一緒に本を作りませんか？　画文集という形で私が画、高田さんが文を書くのです。ただひたすら大好きな芸人・喜劇人（コメディアン）を描いて書くのです」

評論集でも喜劇史でもなく、ただ愛すべき笑芸人達のことをかく、それだけが決まりです。

ページ数の関係などもあり、およそ三〇人（組）が目安ということになりました。この三〇人にしぼり切る作業が大変で私を苦しめました。あの人も載せたい、あの師匠をはずすのはちょっと……苦悩の日々。毎日考え闘い続けました。それはあたかも五輪をめざすお笑いアスリートのようです。戦前のことは分らないので戦後七十数年の中から三〇人です。

峰岸画伯は私よりいくつか年上なので古い喜劇人のことなどよく知っています。

私も年令の割には実戦で巾広く知っていて、今の時代、エノケン・ロッパからサンドウィッチマン・ナイツまで色んな意味で知っている、語れるという守備範囲の広さを誇れるのは往年の吉田義男《よしだよしお》（阪神）並です。

ＴＶをつけたら只今売出し中の神田松之丞《かんだまつのじょう》（来年には伯山《はくざん》襲名）がＮＨＫのＴＶで「お世話になった人」みたいな事をきかれて熱く語っていた（ヨイショだと思うのだが）。

「やはり高田センセですネ。古い事を教えてくれた永六輔さんも談志師匠も居なくなっちゃって。正直な所、昔のこと分ってんの今のTV界ラジオ界で高田センセだけでしょ。あの人は仕事柄もあるんだろうけどすごい前の芸人さんから、まったく今のまだ名前も出てない芸人のライブまでまめに足を運んでますから……。常にアップ・トゥ・デイトされてんですよ（よく意味が分らない）。今日起きたニュースをその日の生放送のラジオで笑いにしてますからネ」てな事を言ってくれていた。ひとに言われるのが何より嬉しい。才能のある若手にキチンと評価されるのが一番嬉しい。

さあいよいよ私が愛した笑いに命まで賭けてしまった男たち女たちの物語です。こういう素敵な人達が居たんだということを、心のキャンバスに各々描いてくれたら幸いです。もう一度確認します。極上の一冊です。

目次

画文集　芸人とコメディアンと

文：高田文夫
絵：峰岸達
経歴文作成：和田尚久

エノケン・ロッパ・金語楼

エノケン（榎本健一《えのもとけんいち》 明治三七年生）、古川ロッパ（緑波 明治三六年生）、柳家金語楼《やなぎやきんごろう》（明治三四年生）を「昭和の三大喜劇王」と呼ぶ場合が多い。エノケン・ロッパの全盛期は戦前なので、そのおかしみが戦後生まれの私にはよく分らない。

TVが出始めた頃、母はよく「この人が日本のチャップリンなのよ。面白かったんだから」とエノケンを指して言った。私には〽ホホイのホイでもう一杯〜ッの「渡辺のジュースの素」でのCMの独特な歌声と、可哀そうな〝突発性脱疽《だっそ》〟、右足膝の下からの切断というショッキングなニュースしか入ってこない喜劇人だった。片足を切断してもとんぼを切ろうとした（宙返り）。それ位以前は素晴らしい運動能力であったのだ。戦前「浅草」で「映画」でその動きの身軽さ敏捷《びんしょう》さはヤンヤの喝采を受けたときく。

晩年TVの中で、坂本九《さかもときゅう》に「二代目エノケンを継がせる」という話もあって子供心にドキドキした。スピーディな動きのギャグとジャズ（歌声）で売ったエノケンなので坂本九の歌声にもシンパシーを感じたのだろう。

エノケンより一歳年上なのに一〇年遅れてデビューしてきたのがライバル・ロッパ。インテリで早大へすすみ、文藝春秋社社長の菊池寛《きくちかん》にすすめられ雑誌の編集など任された。インテリ故、三〇歳過ぎて芸界へ入ってきてもまわりから煙たがられた。楽屋にもなじめず小難しい本ばかり読んでいるので芸能の世界で孤立してゆく。ものまねが得意で、それまで「声色《こわいろ》」と呼ばれていたそのジャンルを「声帯模写」と名付けた。インテリだ。その膨大なロッパ日記はのちに出版もされたがみごとな記録である。そのグルメぶりも伺える。ロッパ一座の若き座員、森繁久彌《もりしげひさや》らが台頭してきて晩年はエノケン同様哀しいものに……。

そして金語楼だ。戦前は「兵隊落語」で売れに売れ戦後はいち早くＴＶでスターになる。元祖ＴＶ芸人である。ＮＨＫ最初の娯楽番組ともいえる「ジェスチャー」のキャプテンをつとめ一五年間（昭和四三年終了）お茶の間で親しまれた。ハゲ頭とおかしな顔芸（変顔）で子供や年寄りには喜ばれたが……。有崎勉《ありさきつとむ》のペンネームで新作落語を量産し噺家に提供しつづけた。

エノケン・ロッパ・金語楼の関係がその五〇年後そっくりそのまま〈ＢＩＧ３《ビッグスリー》〉に当てはまるのが凄い。浅草から出て運動神経抜群の体技が〈エノケン＆たけし〉、インテリゆえ言葉芸が〈ロッパ＆タモリ〉、そして落語家出身なのに落語はやらずＴＶではしゃぐ〈金語楼＆さんま〉である。

この分析……正しいんじゃない？

日本のお笑い、コメディアンの始祖というべき、この三大喜劇王を今の若い人たちのほとんどが知らない。なのでベンキョーのためにもあえてこの本に載せた。それにしても、三大喜劇王とBIG3の共通説。さすがの眼力。ダテに目玉が大きいわけではない。さすが、イヨーッ高田先生！

エノケン・ロッパ・金語楼 えのけん・ろっぱ・きんごろう

榎本健一は一九〇四年生まれ。震災前の浅草で「根岸歌劇団」に入団。つまり浅草オペラの座員で、音楽と体技がエノケンの二つの武器。二九年、浅草のレビュー一座「カジノ・フォーリー」に参加。川端康成らモダン青年が熱狂をした。のち、エノケン一座では作者の菊谷栄と組み、音楽性の高いコメディを上演。しかし菊谷は日中戦争に招集され戦死。エノケン喜劇は時代によって幕を引かれた。

古川ロッパは一九〇三年生まれ。雑誌編集者を経て三三年、浅草常磐座で劇団「笑の王国」旗揚げに参加。それ以前に、徳川夢声らの主宰する活動弁士たちの演芸会「ナヤマシ会」に出演し、声帯模写を披露して評判をとっている。知的な素人芸からスタートしているのが特徴的である。

柳家金語楼は一九〇一年生まれ。六歳で初高座。大正一〇年から一年間、朝鮮で従軍。このときの経験を元にしたのがヒット作「噺家の兵隊」。本拠は東京だが、戦前の数年間、吉本興業に大看板として在籍していた。その意味で、確かに「さんまの先輩」でもある。

伴淳三郎

伴淳三郎、略して伴淳。昔から喜劇人は名前をつめて呼ばれる。榎本健一がエノケン、せんだみつおがせんみつという具合だ。

山形県は米沢市出身。それ故、売りに売ったのが〝ズーズー弁〟。「母ちゃん、一杯やっか!?」のお酒のCMはなつかしさいっぱいだ。山形から出てきた喜劇コメディ系は多く、ケーシー高峰《たかみね》、ビートきよし（ツービート）、ウド鈴木（キャイーン）らがそうだ。

小さい頃から役者になりたくていくつかの劇団へ。一九二七年、日活大将軍撮影所へ大部屋俳優として入り、その後、大都映画やら新興キネマ京都などへ。『血煙高田馬場《ちけむりたかだのばば》』『國士無《こくしむ》双《そう》』（千恵蔵プロダクション。数年前、若手の坂本頼光《さかもとらいこう》の活弁で見せてもらった）。

現在の浅草演芸ホールと東洋館（以前のフランス座）の会長、松倉久幸《まつくらひさゆき》の父である松倉宇《まつくらう》七《しち》が経営していたのがロック座。戦後そこの初代座長となって活躍したのが伴淳である。腕もあってアイディアマンで東北訛りのズーズー弁がなにしろうけたという。

三年程ロック座をやり、また映画に戻ったらあの「アジャパー」で大当たり。日本三大

アジャパー

ヒットフレーズは「アジャパー」と「ガチョーン」と「コマネチ」だと私は専門的に分析している。

その後は花菱《はなびし》アチャコとの『二等兵物語』シリーズ、そして〝駅前トリオ〟とまで言われた森繁久彌とフランキー堺と伴淳との『駅前』シリーズは二〇本以上作られ一〇歳から見ている私はあまりの下らなさに熱が出て学校を休んだくらいである。もうこの頃は「アジャパー」も使わなくなったが下世話そのものの伴淳の味は大人になって見返してその面白さに二度見した。

TVでは何と言っても「寺内貫太郎一家」での仕事場の場面。伴淳・由利徹《ゆりとおる》・左《ひだり》とん平《ぺい》のホンワカハーモニーが心地良かった。

小田急線の千歳船橋《ちとせふなばし》に住んでいた幼き私、右へ行くと森繁邸、左へ行くとその五倍大きい清川虹子《きよかわにじこ》邸。ホフク前進で庭へしのび込むといつも奥から「アジャパー」の声がきこえた。

訛《なま》りがうつりそうなのですぐに逃げた。

最終的には『飢餓海峡《きがかいきょう》』でシリアスな演技になってしまった。

アジャパーッ。

小学校の中学年の頃，伴淳のアジャパーに代表される斎藤寅次郎監督の数々の映画で喜劇とかコメディアンというものを意識するようになり。どんどん惹かれていった。ぼくがお笑い好きになった原点はアジャパーなのだ。

伴淳三郎 ばん・じゅんざぶろう

1908 — 1981

一九〇八（明治四一）年、山形県米沢市生まれ。父親は南画家であった。幼少のころから俳優を志望し、剣劇一座などに参加。一九二七年、日活時代劇部の大部屋俳優となり、時代劇の脇役を勤めた。大河内伝次郎主演のサイレント映画『血煙高田馬場』（一九二八年）にも町人の役で出演している。当時の芸名は東木寛。その後、大都映画、極東映画、新興キネマに移籍するがぱっとせず、一九三九年、新興キネマが吉本興業所属の「あきれたぼういず」の益田喜頓らを引き抜いた事件では、スカウトの工作員をしていた。戦後、軽演劇や映画で活躍。「アジャパー」の流行語で知られる。隠し芸に「ネズミ取りの男」があり、鼠の出る穴をじっと見つめるだけの姿形がじつにおかしかったという。

清川虹子

代表的な喜劇女優である。男ならコメディアン、女ならコメディエンヌである。

どこかしらユーモラスで笑いを伴う女優としてまず浮かぶのが清川虹子（一九一二年生、八九歳没）。そして丹下《たんげ》キヨ子、女エノケン武智豊子《たけちとよこ》、笠置《かさぎ》シヅ子、若水《わかみず》ヤエ子、森光子、中村メイコ、ミヤコ蝶々《ちょうちょう》……もちろんまだまだ居る。

その大昔「新演劇の祖」と呼ばれ「オッペケペ節」で知られる川上音二郎《かわかみおとじろう》。その妻が川上貞奴《さだやっこ》（もうほとんど歴史の教科書の話です）。欧米を巡業した日本最初の女優が貞奴。この貞奴の最後の弟子というのが清川虹子なのだ。凄すぎます。

新劇行ったり「笑《わらい》の王国」に参加したりして東宝社長の弟と二度目の結婚、死別。

映画に戻り江利《えり》チエミの『サザエさん』シリーズで大人気。すでに実母を亡くしていた江利チエミとは公私にわたり親しく、江利からは「お母さん」「ママ」と呼ばれていた。たしかにフネ役ではあった。

少年時代からずっと世田谷の千歳船橋に住んでいた私（生まれは渋谷の今では大高級住宅

地・富《とみ》ヶ谷《や》。たしか首相が住んでいる）。家から右へ行くと森繁久彌邸、左の方へ行くとその五倍程大きな家、庭にはゴルフ場のような芝が敷かれ大きな池もあって夜中に忍び込んで落っこちた時がある。奥からは「アジャパー」の声。五二年から五九年のあいだ伴淳三郎とは夫婦であった。ふたりが夫婦であった事を知る人は意外に少ない。

　どんどん芸能界のウラの首領的な立ち場になっていく。ターキー（水《みず》の江《え》瀧子《たきこ》）が石原裕次郎のプロデューサーであったように清川はチエミや伴淳の親分として貫禄を増していく。

　藤純子《ふじじゅんこ》『緋牡丹博徒《ひぼたんばくと》』シリーズ、若山富三郎『極道』シリーズなどでいぶし銀。八三年の『楢山節考《ならやまぶしこう》』では七〇歳の初ヌードを見せカッサイを浴びる。

　二〇〇〇年の少し前、ニッポン放送がまだお台場で放送をやっている頃、私の番組にわざわざ来てくれて

「すいませんネ」

「何言ってんのよ！　同じ町内会のつきあいだからここまで来たのよ。何でも本番できいて頂だい」

　豪快な男前……のタラコくちびるなのだ。貞奴の魂が入っている。

この人の出てくる映画は、本当によく見た。昔、喜劇といえばとにかくよく出てきた。しかし、若いころはかなり色っぽかったらしい。そういえば元々の顔立ちは、京マチ子や日高澄子（知ってる人も少なくなったろうが）等と大体同じ系統じゃないかな。

清川虹子 きよかわ・にじこ

1912 — 2002

一九一二（大正元）年、千葉県生まれ。昭和三年、川上貞奴が主宰する「川上児童楽劇団」で初舞台を踏む。のち、新劇女優をへて、浅草の軽演劇「カジノ・フォーリー」（第三次、座長は石田守衛）に参加。花形女優であったが第一子を妊娠したために退座。少しのブランクを経て劇団「喜劇爆笑隊」に参加。のちに所帯を持つ伴淳三郎が座長であった。劇団解散後、古川ロッパ主宰の「笑の王国」旗揚げに参加。島耕二、三益愛子らが在籍し、台本作者は菊田一夫。このころ、映画がトーキーになり、ＰＣＬ『只野凡児・人生勉強』（一九三四年）で映画初出演。実年齢は二〇歳過ぎだが、四〇代のふけ役であった。以降、戦前・戦後を通じ数多くの映画に出演。代表作に『これは失礼』『エノケンのホームラン王』『女侠一代』など。

森繁久彌

「高田、間違えるなよ」。呑むと談志は私に言った。

「戦後のあらゆる芸能の中で歌舞伎、演劇、流行歌、落語……色々ある中でその頂点にいるのが森繁久彌だ。文化で言えば手塚治虫。そういうことだ」

そういう事なのかと納得したふりもした。

意外や森繁は大阪に生まれている。早稲田大学在学中より演劇活動。中退して東宝劇団など経て満州新宮放送局（ＮＨＫ）でアナウンサーとして勤務。その時、慰問で来ていた志ん生と圓生《えんしょう》の身の回りの世話役となる。志ん生が『びんぼう自慢』でも語っている。

「会食した時やなんぞ、森繁君が余興に歌ァ歌ったり、即興でなんかしゃべったりするんだが、実にどうも、器用で、調子がよくって、品があって、そのあざやかなことったらない」と帰国後ベタほめしている。満州でついてまわって志ん生、圓生からその間《ま》なんかを学んだのだろう。

戦後の二四年に新宿の〈ムーラン・ルージュ〉に入っている。ここの青年幹部には由利徹がいた。最初の主演映画が『腰抜け二刀流』。そして森繁の名は『三等重役』でメジャー化。マキノ雅弘の『次郎長《じろちょう》』シリーズでの〝森の石松〟とヒットを飛ばし三〇年にはそのうまさをみせつけた『夫婦《めおと》善哉《ぜんざい》』。芸能界において一目も二目も置かれたところで『駅前』シリーズ、『社長』シリーズ。いよいよ森繁時代。

渋谷は富ヶ谷で五人姉弟の末っ子として生まれた私。幼少期に世田谷は小田急線の千歳船橋へと引っ越し。大通りの小さな家に住んでいたのを見たおふくろが「シゲさんも金あるんだからもっと大きな家建てればいいのに」と言ってる途中でドカーンと建てた。庭は芝生、大きなヨットまで置いてある。私は嬉しくていつも庭へしのび込み、柿やら栗を盗んでは表へ出て「おーい社長！今日は会社休みか〜？」など呼ぶと、いつも森繁が「またお前か」と棒を持って追いかけてきた。きっとサービスだったのだろう。ある日などうちで飼ってる雑種犬が子犬を三匹産んだ。二匹はとなりにあげたのだが、あと一匹のひきとり手がいない。おふくろが「夜中にそっと行って森繁さんの庭に置いてきな。うちに居るより森繁さん家の方がいい物食べられて犬も幸せだよ」。深夜に姉とそっと子犬を置いてきた。心配になって二週間後、さりげなく中をのぞいたら、森繁が嬉しそうに毛をなでエサを与えていた。いい人なのだ。

映画からＴＶ（「七人の孫」など）に進出。また舞台へもどり九〇〇回の公演をかさねた「屋根の上のヴァイオリン弾き」はあまりにも偉大。「知床旅情《しれとこりょじょう》」を作詞し歌い〈森繁節〉と称賛され、喜劇人の最後はシリアスな芝居になる事を〈森繁病〉と語られるようになった。

名優の誉れ高い森繁久彌は元々はコメディアン。高校生の頃「駅前シリーズ」や「社長シリーズ」をよく見たが三木のり平やフランキー堺の方が圧倒的におもしろかった。森繁の上手さ、達者さ、おかしさが分かるようになったのは、ぼくが、いいトシになってからBSテレビで「社長シリーズ」を改めて見てからだ。森繁というのは、あくまで大人向けのコメディアンだったと思う。まっ、なんちゅうかね。

森繁久彌　もりしげ・ひさや

1913 — 2009

一九一三（大正二）年、大阪生まれ。早稲田大学在学中に演劇をはじめ、一九三六年、学校を中退して東宝に入社。古川ロッパ一座などに参加する。同じ時期、ロッパ一座で注目を集めていたもう一人の若手が山茶花究。

三九年、アナウンサー試験に合格し新京放送局に勤務。終戦までを満洲で過ごす。

終戦後、四六年に引揚げたのちは東京の演劇界に復帰し、とくに四九年から一年間在籍した「ムーラン・ルージュ」での活躍は語りぐさになっている。やがて東宝を中心に映画や舞台で活躍。昭和三〇年代には『夫婦善哉』『神阪四郎の犯罪』『暖簾』『如何なる星の下に』といった映画で評価された。

森繁久彌の特徴は〈両刀づかい〉であること。『三等重役』で現代人のサラリーマンを演じる一方、『夫婦善哉』では大阪の商家のぼんを見事に見せる——といった東西どちらもいける芸の幅広さ、あるいは『社長』シリーズと同時期に文芸映画にも主演するといった自在なスタンスは、喜劇人のフィールドをおおいに広げたのである。

トニー谷

平成の終りに内田裕也、そしてケーシー高峰が亡くなった。

昭和の終りに石原裕次郎そしてトニー谷《たに》が亡くなった。昭和六二年七月一七日、同じ肝臓ガンである。新聞・TVの報道は裕次郎一色となり、いまだにトニー谷の訃報がこの日に出た事を知っている人は少ない。

私の年齢でさえトニー谷の全盛期はうっすらの記憶しかない。〝戦後に咲いた毒々しいばかりの仇花だ〟と談志は書く。

マスコミに踊る文字は「植民地ニッポンの象徴」「トニングリッシュ」「レディース・エンド・ジェントルメン・エンド・おとっつぁん・おっかさん」「きいてちょうだいはべれけれ」「バッカじゃなかろうか」「ネチョリンコ」

ほぼ日系二世のパロディであり後《のち》の悪役プロレスラーのごとき嫌われキャラのニュアンスであった。米国には負けたが、どこかアメリカ人をバカにしているような芸風を面白がる人もいれば毛嫌いする人も多くいた。談志は「ひと口で言えば卑屈な芸だ」と呑んだ席で私に言った。「ざんす　ざんす　さいざんす」山の手の「ざぁます」言葉をバカにしおちょくり、笑いに変えた。

そんな中「愛児誘拐事件」が起きトニーは人間らしくマスコミの前で涙をみせた。素顔をみせた。犯人の動機は「トニー谷の人を小バカにした放送に反感をもった」。この日から人気は大凋落《ちょうらく》。

これで消えるのが普通だが昭和三七年、日本テレビの「アベック歌合戦」でカムバック。そろばんの代りに拍子木《ひょうしぎ》を持ってリズムに乗って素人の出演者に「あなたのお名前なんてぇの？」と歌ってインタビューするのだ。これは中学時代に見ていたのでよく覚えている。

この後、トニーの残像は赤塚不二夫《あかつかふじお》の漫画『おそ松くん』の中にイヤミというキャラで登場する。シェーである。

晩年は駅でバッタリ会った永六輔の人情プロデュースで、渋谷のジャンジャンなどでひとり芸をみせた。日本橋生まれの意地もあり小粋に着流しで小唄なぞ江戸前に披露もしたのだが……享年六九。

えもいわれぬ怪しさ、人を喰ったようなその芸……カタカナから漢字というういかにもGHQな芸名はトニー谷からフランキー堺、ケーシー高峰、ポール牧、マルセ太郎、ショパン猪《い》狩《がり》、ビートきよしへと繋がって……いない。

子供心にもいかがわしさを感じるんだった。しかし、今聞くと宮城まり子と歌った「さいざんすマンボ」は最高。多忠修の作曲、編曲も素晴しいのだが、この時は十八番のそろばんの出番がちょっと地味。後年、ソロで歌ってるのを聞くとそろばんがフィーチャーされ、見事にリズム楽器として弾きこなしていてスゴイ！

トニー谷《とにー・たに》

1917 — 1987

一九一七（大正六）年、銀座生まれ、日本橋育ち。第二次大戦中は中国大陸に渡っていたと言うが、詳細は不明。終戦後、占領軍が接収していたアニー・パイル劇場（「東京宝塚劇場」）に裏方として入り、アメリカから巡業してくる芸人の技芸を見聞きしたという。五〇年、野球チーム「サンフランシスコ・シールズ」来日のさい、歓迎会のMCを勤めた。このあたりから頭角をあらわし、五一年、西部劇俳優のケニイ・ダンカン来日時には国際劇場ほかの大舞台で、司会および曲撃ちショウに出演をした。野坂昭如は、終戦後、腹立たしかったのは占領軍と共に活動する、日系二世の通訳たちの振る舞いだったと語っていた。トニーは日系人風のキャラ設定、インチキ英語によって、こうした状況そのものを戯画化したのだ。「さいざんすマンボ」などコミックソングに傑作があり、大瀧詠一プロデュースのアルバム「ジス・イズ・ミスター・トニー谷」がある。

古今亭志ん生

長嶋茂雄が〝ミスタープロ野球〟なら古今亭志《ここんていし》ん生《しょう》は〝ミスター落語〟だろう。芸能の大巨人なのだ。

　志ん生を語るにそのキーワードはあまりにも多すぎる。「本名・美濃部孝蔵《みのべこうぞう》」「破天荒」「ハチャメチャ」「八方破れ」「天衣無縫《てんいむほう》」そして「融通無碍《ゆうずうむげ》」（これは一定の考え方にとらわれることなく、どんな事態にも、とどこおりなく対応できること）。まさに志ん生の人生そのものを表わした言葉だ。

　一六回のしくじりもあったのだろう。「改名実に一六回」『なめくじ艦隊』『びんぼう自慢』「いだてん〜東京オリムピック噺《ばなし》〜（宮藤官九郎《くどうかんくろう》が書いた志ん生をたけし）」「昭和二〇年　圓生と満州へ慰問（この時、身のまわりの世話をしたのが満州のNHKに居た森繁久彌）」「高座で寝ちゃうと客席からいいから寝かしときなの声」「長男が金原亭馬生《きんげんていばしょう》・孫が池波志乃、そして旦那が中尾彬」「次男があの古今亭志ん朝」「おりん夫人」「日暮里の師匠」「ヘボ将棋」「お直し（芸術祭賞）」「十八番　火焔太鼓《かえんだいこ》」「黄金餅《こがねもち》」（道中付けが楽しい）「仲

が良かった終生のライバル・桂文楽」「ぞろっぺいでいい加減」「芸なんてのは年に一度か二度やるもの。毎日やってたら身体がもたない」「同じ噺でも毎回違う」「呑む打つ買うは免許皆伝」「貧乏神から礼状がきた」記者会見で「ニッポン放送の専属とゆーことになりましたので、明日からどこの局にでも出られます」「関東大震災の時、とっさに東京中のお酒がなくなると思い酒屋へ真っ先にとんでゆき、あびるほど飲んだ」「地震でゆれてるのか、お酒でゆれてるのか分らなかった」「圓生と道場で竹刀をもってむかいあったらすぐやられるが、野っぱらで真剣でむきあったらすぐに叩き斬れる」「米国の戦闘ドラマ〝コンバット〟を見るのが好きだった」「小さな物音にもビクッ（ものすごい小心者だった）」

昭和四八年の最後（八三歳）まで志ん生の身のまわりの世話をしていた我が悪友志ん五《ご》（息子二人同様、彼も早逝）。志ん朝に入門したが忙しく志ん生の世話をまかされる。背が大きかったので「兄《あん》ちゃん大きいねぇ。高助《たかすけ》だな」と前座名決められる。廊下に時々、ウンチをもらしちゃう。「しょうがねぇなあ」と雑巾でふいていると志ん生ひと言「ウンコ嫌がってちゃ、立派な百姓になれないよ!!」高助小声で「百姓になりたくて噺家になったんじゃねぇやい」

ふたりの姿を想像するだけでなんだかホワーンと幸せな気分になる。

「とっくりは無地にしなさいよ。絵なんかいらないよ。いい絵なら〜いよ。なんだいこれは、キツネが三匹でジャンケンしてる…」「ヘビから血が出てヘービーチーデー」こんなくすぐり（ギャグ）を志ん生がしゃべると格別おもしろい。趣味で川柳をやっていた。おもしろいのがいろいろあるが、ぼくが特に好きなのは「干物では秋の魚は鯵にかなわない」

古今亭志ん生　ここんてい・しんしょう

1890 — 1973

一八九〇（明治二三）年、東京神田生まれ。不良少年で、父親のキセルを質入れして逆鱗に触れ、家を飛び出したのが一五歳。以降、二度と家には戻らなかった。明治四三年ごろ、二代目三遊亭小圓朝に入門して朝太と名乗る。ちなみに、志ん生は自叙伝『びんぼう自慢』でも座談でも「四代目橘家圓喬の弟子」と語り、これが以前は経歴として知られていた。圓喬は明治期の写実派の名人であり、志ん生も「鰍沢」などの思い出を回顧している。この演者の根底にある写実指向を読み解くヒントであろう。

大正時代はまったく売れず、貧乏伝説がさまざまに伝わる。大正一一年にりん夫人と結婚。昭和九年に馬生と改名したころから生活も安定し、昭和一四年に志ん生を継いでからは、人気も上昇。戦後の活躍は知られるとおり。

桂文楽と志ん生の存命中は、両横綱の扱いで「文楽・志ん生」と記された。いまは「志ん生・文楽」と表記が逆になっている。時代が志ん生の評価を上げたのである。

三木のり平

馬場にジャイアントが付くように、のり平には常にセンセーが付いているのだが、あえて敬称は略させて頂く。野球界では長嶋と王が並び称される様に私の中の喜劇界では森繁とのり平が文句なしの横綱だ。

思えば私は〝恵まれすぎた喜劇のような〟生涯である。

小学生の頃は近所に住む森繁の家に忍び込み、いつも柿や栗を盗んでは「またお前かー！」と森繁に棒を持って追いかけまわされ、五〇歳を過ぎれば、いつも行く四谷は荒木町の小さなカウンターだけのスナック。マスターは永遠の野球青年。深夜、決まって黒電話が鳴る。マスターから受話器を受けとると、あの〝桃屋〟の声で「もしもしまだ居る？　今〝北野ファンクラブ〟見てるから終ったら行くよ」

最晩年の三木のり平である。

四谷三丁目の奥に住んでいた三木は奥様も亡くし、子供達も独立し「パーッといきましょう」とは言わず静かに暮していた。あれだけ演劇界のみならず日本文化に貢献してきたのに

(『社長』シリーズ、「放浪記」の演出など挙げたらキリがない。みごとな功績)、シャイできびしいから古くからの知り合いも怖くて寄りつかない。毒舌ではなく正しい事をハッキリと言う、まっとうな東京っ子、江戸っ子である。芸がセコい奴が大嫌い。

日本橋は浜町生まれ、純度一〇〇%の江戸の人である。誰もとり入るスキがないが何故か九七年九八年の頃は、私といつも会っていた。三木のり平と書かれた「吉四六」の焼酎ボトルをふたりで呑んでは日芸の先輩と後輩のここだけの話、口外無用と〝談志とたけしへの暴言〟を吐いては笑っていた。二人共、実は志ん朝を最も愛していた。

九九年一月、私は自分のラジオ番組の生放送で最も愛した人の訃報を報じた。放送が終ってすぐ四谷の家へ飛んで行くと、息子ののり一《かず》が「おやじと高田さんが対談してる本『笑うふたり』、いつも枕元に置いてあったんだよ。最後まで遊び相手になってくれてありがとうネ」と言われた。寂しかった。きれいな死顔だった。「焼いちゃうのもったいないネ」とのり一は笑った。

お通夜は文京区の護国寺。所どころにＴＶモニターも置かれ、かつての舞台のＶＴＲが流れていた。お清めの酒を高平哲郎《たかひらてつお》と呑んでいたら「イヨッ両先生！　この画は〝文七元結《ぶんしちもっとい》〟で」とあの志ん朝が二人の間に入ってきて解説をずっとしてくれた。

なんだかホワーンと幸せな気分になっていた。

のり平と志ん朝……一番美しい江戸の人だ。

この人が映画でもテレビでも出てくるだけでうれしかった。おもしろかった。あのルックスと卓抜した演技力の賜なのだろう。しかし、セリフ覚えが悪く、撮影の時、カンニングペーパーがあちこちに張ってあったという。名優が必ずしもセリフ覚えがいいとは限らないらしい。でも、何かほほえましくも思える。

三木のり平 みき・のりへい

1924 — 1999

日本橋浜町生まれ。本名・田沼則子。戦時中もっとも徴用された世代だが、役所が女性と間違え、招集から外していたという逸話が知られる。日本大学芸術学科在学中から新劇に参加。終戦後、三木トリローグループに参加しラジオ番組「日曜娯楽版」に出演。三木鶏郎の名字を貰って、三木のり平を名乗る。実演も数多く、なかでも「雲の上団五郎一座」の劇中劇「玄治店」の一景は、のり平の与三郎、八波の蝙蝠安という組合せで戦後最高のコントと語られる。映画では東宝の『社長』シリーズ、『駅前』シリーズなどに出演。幕内での評価が高い役者である。六一年に東京宝塚劇場で初演した「狐狸狐狸ばなし」（北條秀司作）は森繁久彌、山田五十鈴、十七代目中村勘三郎、のり平が共演した傑作喜劇で、のち、十八代目勘三郎が歌舞伎に輸入した。

永六輔は「水を張ったバケツがひとつ、そこに飛び込もうとする男のリアリティを表現できる役者」とのり平の芸を評した。

フランキー堺

フランキー堺といえば落語「居残り佐平次《さへいじ》」を主人公とした最高傑作『幕末太陽傳《ばくまつたいようでん》』（昭和三二年）。早逝した天才監督・川島雄三である。なんとも魅力的なこの人については各々が調べてくれ。

進駐軍のキャンプでジャズドラマーとして活躍を始め〝フランキー堺とシティ・スリッカーズ〟で人気。役者としては『牛乳屋フランキー』、シリアスなTVドラマ『私は貝になりたい』、爆笑『駅前』シリーズなど様々あるが、喜劇人としての森繁・フランキーがみごとなまでの俗物たる現代人をリアルに演じたので共感を呼び、エノケン・ロッパの芸・演技をずっとずっと過去のものへと追い遣った。進駐軍でジャズドラマーという経歴で分る通り〝浅草〟ではなく、もはや、モダンな戦後なのだ。

フランキーのバツグンな動きが見られるのも『幕末太陽傳』。〝太陽族〟でデビューしたばかりの石原裕次郎が高杉晋作《たかすぎしんさく》で出ているのがすごい。軽妙にして洒脱、機転がきいてシャレが分って、虚無的で親孝行。そのくせどこの誰だか分らない、乱世をスイスイ生きる男・佐平次。私はこの男が好きで、好きで。今でも一度会ってゆっくり一杯やってみたいと思う。

日芸の落研の同期・田島クン（のちの古今亭右朝《うちょう》、五三歳早逝）と私で上野の旧本牧亭《ほんもくてい》を借り切って二十歳の時〝廓噺の二人会〟をやろうってな事になった。アンツル先生（安藤鶴夫）が小説『巷談《こうだん》本牧亭』で直木賞を獲った、あのゆかりの場所だ。この時代、林家正蔵《はやしやしょうぞう》（のちの彦六）が〝正蔵の会〟を定期的に開き、いつも最後、客全員に〝牛めし〟がふるまわれた。想い出の場所だ。どうしても「居残り」を演りたかった私は、当時飛ぶ鳥を落としちゃ食べていた立川談志に手紙を書いた。本牧亭で「居残り」をやりたい大学生なんだがどうやってやるのおせーてと随分乱暴な手紙をだしぬけに出した。

どうせ返事もくれないだろうと思っていたら一週間後、ビッチリ便せんに一〇枚書いて演出メモを送ってくれた。曰《いわ》く「この噺は吉原でなく品川なので、汐《しお》の香りがするといい」やら「なんだか分らない男が、佐平次である」など様々演出論を書いてくれて、『幕末太陽傳』を見ておくといい。他はどうってこたァないが、これだけはフランキーがいい、と辛口なのか甘口なのか。どっちにしても学生さんなんだから楽しくやってくれればそれでいいとまとめてあった。これが人生初の談志とのファーストコンタクト。

一〇年以上ものち、作家をしながら談志の元へ入門し、この時のことを話すと談志は照れて「親切だけが、人を納得させる」と言った。談志もフランキー佐平次も、偽悪ぶるのだが根本的に親切なのだ。そして、なにより友達と母親を大切にする江戸の人。

フランキー堺は旧制麻布中学の頃、毎晩、明日はどうやってみんなを笑わせてやろうか、とそんな事ばかり考えていた、と昔「徹子の部屋」で話していた。その麻布中学の同級生に大西信行、小沢昭一、加藤武、仲谷昇、なだいなだ等がいたという。何これ、同級生がスゴ過ぎる。若いやつらは分からないかもしれないが。ところで、高田さんが思うところの佐平次のキャラクターって、高田さんそのまんまじゃないすか。

フランキー堺　ふらんきー・さかい

1929 — 1996

一九二九年、鹿児島生まれ。上京し、四二年、麻布中学に進学。同学年に加藤武、小沢昭一、仲谷昇らがいた。慶應大学に在学中からジャズドラマーとして活躍し、五四年には「フランキー堺とシティ・スリッカーズ」を結成。このバンドにクレージー以前の谷啓や植木等なども在籍した。

同じころから映画にも出演。とくに『幕末太陽傳』『貸間あり』など川島雄三監督とのコンビで評価を得る。ちなみに、落語家だった桂小金治を映画界にスカウトしたのも川島雄三である。

『幕末太陽傳』で佐平次を演じ、「羽織の大将」で落語家を演じたくらいだから落語、講談にも通じ、「フランキー講談」と称して高座で一席勤めたこともある。

後年はテレビドラマ、クイズ番組司会者などでもおなじみだった。なかでも向田邦子脚本のテレビドラマ「あ・うん」（ＮＨＫ）はいまでも評判が高い。

林家三平

この素敵な本の企画意図は「芸能評論」でもなく「芸能史」でもなく「ただ僕と高田さんが好きな喜劇人・芸人を書けばいいだけ。以前に発表したエピソードでも面白くてステキならまた書いちゃって下さい」と峰岸画伯に言われていたので、五〇年近い私の笑芸作家生活で重複するネタも登場するかもしれませんが、何度きいてもおかしい〝三平落語〟をきく料簡《りょうけん》で読んで下さい。どーもすいません。

茶の間にＴＶがやって来たと同時にドカーンと「爆笑」と肩書きの付いた噺家が現われたのだ。髪の毛は愛嬌のあるもじゃもじゃで両サイドがキッチリとポマードで固められたリーゼント。林家の髪は〝柳家のポマード〟で仕上げられていた（「三平堂」へ行くと飾ってある）。林家vs柳家である。

東京タワーができた昭和三三年、背番号３の長嶋がデビューし、寄席でミスター３、林家三平が真打昇進。それはそれは大騒ぎだった。

父は七代目林家正蔵（息子が今の九代正蔵）。

「マンネリだ」「あんなの落語じゃない」「いつ聞いても同じような小咄ばかりじゃないか」の声の中、真打の披露口上には古典落語のレジェンド達が連日ズラリ並んだ。志ん生、文楽、圓生、正蔵、小さん、師の圓蔵。古典の名手達も自分達ではもう客を寄席に呼び込めないという事を知っていたのだ。〝三平人気〟でなんとか客を呼びたいという寄席の事情もあったのだろう。

昭和三四年（一一歳）、どうしても生で三平を見たかった私は小学生なのに寄席通の友人に相談。するといともあっさり「明日連れてってやるよ。新宿へ出て伊勢丹の先。末広亭にいま三平出てるから」

私はこわごわ付いて行きテケツで入場料を払い、そうっと扉をあけると、もうそこに、高座の上にスタンドマイクの三平の姿。

「あっ、坊ちゃんいらっしゃい!! 今から月光仮面の話をしますから。ハイそこへ座って」

この私が真っ赤になってポーッとなった。

以来亡くなる昭和五五年まで私の心の中で「昭和の爆笑王」とは三平のことだった。

この五五年、漫才ブームでビートたけしが誕生。「私の爆笑王」の名は心の中でバトンタッチされた。

噺家は住んでいる地名で呼ばれるようになると一流の証。「黒門町《くろもんちょう》」の文楽、「柏木《かしわぎ》」の圓生、「稲荷町《いなりちょう》」の正蔵（彦六）、「矢来町《やらいちょう》」の志ん朝。そして「根岸」と言えば三平である。

二十歳くらいの頃，新宿末広亭でナマの三平を初めて見た。客席にいたイーデス ハンソン（懐かしい名前だ）をいち早く見つけると「今日はイーデスハンソンさんが見えてますね。いついらっしゃるか、いついらっしゃるか、ずっとお待ちしてたんですよ」そして爆笑につぐ爆笑の高座だった。

林家三平 はやしや・さんぺい

1925 — 1980

一九二五（大正一四）年に、七代目林家正蔵の長男として東京・根岸に生まれた。明治中学校卒業後、陸軍に入隊したが、半年で終戦。四七年に父親に入門し、前座名・林家甘蔵。父が東宝名人会所属であったため、東宝で前座修行。ほどなく三平と改名し、生涯をこの名で通す。この頃、三木トリローグループの舞台にも出演した。正蔵没後の五一年、月の家圓鏡（のち七代目圓蔵）門下となり落語協会加入。五三年に二つ目昇進と遠回りをしている。五七年、「今日の演芸」（東京放送）の司会に抜擢され、型破りのしゃべりで人気沸騰。二つ目のまま鈴本演芸場でトリをとる。翌五八年、真打昇進。同年の昇進に三代目圓歌。高座は小咄をつぎつぎに繰り出すスタイルで、邪道という声もあったが、早くから作家を雇い、ネタをいれかえて時代を走り抜けた。成熟とは無縁の芸で、十代目馬生が「三平さんのような若い人は……」と話したが、実は馬生のほうが年下（二八年生まれ）だった。八〇年、五四歳の若さで逝去。ふたりの子が九代目林家正蔵、二代目林家三平。

脱線トリオ

TV創世記、上品なNHKのコメディ「お笑い三人組」（小金馬《こきんば》・貞鳳《ていほう》・猫八《ねこはち》）の人気に対抗して民放の日本テレビで「お昼の演芸」、ここから出て人気を爆発させたのが〝脱線トリオ〟。なにしろ猥雑で下品でアドリブがきいてちょっとおバカな大人が大喜びする達者さがまた憎い。

新宿の「ムーラン・ルージュ」などに居た由利徹、森川信《もりかわしん》一座からスタートした八波《はっぱ》むと志、エノケンに仕込まれた南利明《みなみとしあき》と笑いの強者《つわもの》揃い。毎週〳〵色んなコントをみせなくてはいけないから、ストリップ劇場でうけたモノなどをお茶の間で披露。子供ごころに大人の助平を垣間見て私ひとりゲラゲラ笑っていた。笑いのIQだけはこの頃から人一倍高かった。

由利徹は「チンチロリンのカックン」やら、たけしがオマージュしてやった「コマネチ」の原点ともいえる「オシャマンベ」。とにかく下ネタが好きで決して「芸」のことなどマジメに語らない。私も二度ほどロングインタビューを試みたが「オレのナオンのバーケに毛ジラミ入っちゃってヒッヒッヒッ」、こんな話ばかりなのだ。当人はサービス精神のつもりなのだろうが……。つくづく、話をきき出し『由利徹が行く』を著した高平哲郎は偉いと思う。TBSの久世《くぜ》ドラマには欠かせない名脇役。「花街《はなまち》の母」の曲で針仕事をするあてぶりは絶品。

南利明はCM「ハヤシもあるでよ」で大人気。なんともニヤけた二枚目風の顔がいい。よく「てなもんや三度笠」に呼ばれて大阪のコメディアン達とも上手にからんでいた器用さが光る。

ふざけきった胸毛自慢の由利徹とだらしない二枚目の南利明。そこに私が少年期最も愛した八波むと志が居る。つっこみの斬れ味は天下一品、心地良いのだ。四角ばったあの顔でやたら女形をやりたがるからおかしいのなんのって。三木のり平からも愛され東京喜劇のレジェンド「雲の上団五郎一座」での三木のり平&八波むと志御両人の「玄冶店《げんやだな》」ゆすりの場の大傑作は今でも東京人のあいだでは呑むと語りつがれる最高の味。

大舞台からも声がかかるようになりミュージカル「マイ・フェア・レディ」のドゥリットル先生役は舞台俳優としても大評価を得ている矢先の一九六四（昭和三九）年一月九日交通事故死（三八歳）。奥さんに正月「今年は六四年で6と4で俺《むし》の年だ」と言っていた。一五歳の私はショックで二日間学校へも行かずフトンをかぶって泣いていた。私のジェームズ・ディーンとなった。後年、夫人と対談した時「あの頃、日大の通信で勉強もしてたの。日大病院に運ばれて……だから入院費は学割。粋なもんでしょ」。私は今でも日大病院に定期的に通院している。そして生きている。先輩の分も。

脱線トリオを知らなくなっちゃった人も増えたので、分かりやすく高田さんの文章を絵で説明。左は「雲の上団五郎一座」の「玄冶店」で蝙蝠安に扮した八波むと志。中は十八番「おしゃ、まんべ！」の由利徹。右はオリエンタルカレーのTVCM「ハヤシもあるでよう」の南利明。脱線トリオ、おもしろかったなあ！

脱線トリオ　だっせんとりお

一九五四年、日本テレビに「青春カレンダー」（作・永六輔）という番組があった。一龍斎貞鳳、江戸家猫八、三遊亭小金馬がレギュラーでコントを見せる。これが評判になり、NHKが三人をそっくり引き抜いて「お笑い三人組」（五五年〜）をスタートさせる。

日本テレビは「青春カレンダー」の後番組である「お昼の演芸」（五六年〜）で由利徹、八波むと志、南利明を起用し「脱線トリオ」の名で売り出した。三人ともストリップ劇場を経由したコメディアンで、その猥雑さと暴力性をテレビに持ち込んだと評される。スタートが番組内でのトリオだったこともあり、六二年にコンビ解散。その後は、それぞれに活躍をしたが、八波の急逝（六四年）はいまも惜しまれている。

小学生時代の高田文夫は学芸会でクラスメイト数人を集め「アクト講座」のコントを披露。スリッパ片手に皆を突っ込んだという。八波の役を受け持っていたのである。

ハナ肇とクレージーキャッツ

黒澤明が『七人の侍』ならばこちらは「七人の狂った猫たち」である。昭和三四年三月、フジテレビ開局と同時に始まったのが「おとなの漫画」。毎日昼の一二時五〇分から一〇分弱の生放送。演出は今や音楽界の巨匠すぎやまこういち。毎朝届く朝刊からネタをひろいコントに仕立て見せる神業《かみわざ》的番組。オープニングはリーダーのハナ肇《はじめ》がフリップを持って読みあげていく。

「おとなの漫画」「出演 ハナ肇とクレージーキャッツ」「作・青島幸男」

一一歳の私はこの「作《さく》」ってひびきにやられた。クラスの低レベルな連中は「植木《うえき》等《ひとし》がいいネ」だの「やっぱり谷啓《たにけい》でしょ」「キャッツなのに犬塚っていうのがいいんだ」など。私は「出演ってのは出て演じるだけだろ。作《さく》ってのは、作る人だから一番面白いんじゃないか」と心に決め小学校の卒業文集に「僕は大きくなったら青島幸男になります」とハッキリ書いた。後年、青島幸男があの時代を描いた『わかっちゃいるけど… シャボン玉の頃』（文藝春秋）の中でこう書いている。

「当時小学生だった高田文夫はこの放送を見たショックで、将来は絶対放送作家になるんだと堅く

決意し、以来いまだにそのショックから立ち直れないまんまでいる」と昭和六三年刊の本に書かれている。

それまでの芸能の歴史を一寸《ちょっと》ひもとけば分るように、闇社会と関わりのあった芸能のジャンルを、その世界との縁を断ち切り近代化を計った渡辺晋《わたなべしん》のナベプロの先頭チームがクレージーキャッツであった。それまでの盆踊りの余興のような泥くさい世界からミュージシャン達のアカ抜けた文化が茶の間に届けられたのだ。音楽家だから笑いのリズム、テンポ、間がバツグンなのだ。

昭和三六年四月にはNHKでナベプロが総力をあげた「若い季節」(日曜夜八時、今なら大河の時間だ)。クレージーキャッツと渥美清《あつみきよし》と若い古今亭志ん朝のからみなど、東京っ子には〝すわり小便〟もののたまらないキャスティングだった。

そしてすぐに始まった「シャボン玉ホリデー」(日曜夜六時三〇分)。クレージーの快進撃が止まらない。ザ・ピーナッツとハナの「お父っつぁん　おかゆができたわよ」のコントなど一世を風靡《ふうび》したものなら書ききれない。「お呼びでない」「スーダラ節」「ガチョーン」「青島だァ!　谷だァ!」「ヤスダーッ」のキントト映画。

社会現象となったクレージーは映画、舞台にも進出。中学生の私は日劇のショーへ足繁く通った。このチームワークの魅力は、のちにドリフターズにバトンタッチされていく……アッとおどろく為《ため》五郎《ごろう》～ッ(byハナ)。

「おとなの漫画」は昼の帯番組だったが土日もやっていたので、毎回ではないが見る事ができた。当時、日曜日は「若い季節」「シャボン玉ホリデー」を欠かさず見ていた。他に関西発の「スチャラカ社員」「てなもんや三度笠」も有り、こっちも欠かさず見ていた。お笑い好きの高校生にとって"黄金の日曜日"だった。しかし、今やクレージーの面々も次々と亡くなり、犬塚弘1人だけになってしまい淋しい限りだ。

ハナ肇とクレージーキャッツ　はなはじめとくれーじーきゃっつ

一九五〇年代のはじめに、ジャズブームが起きた。さまざまなジャズ・バンドが人気を競うなかに、ハナ肇のコミック・バンド「キューバン・キャッツ」があった。みずからもベーシストであり、五五年に渡辺プロダクションを起業した渡辺晋は植木等らに声を掛け、ここに粒ぞろいのメンバーを集める。

こうして、五七年に集まったのがハナ肇、植木等、谷啓、犬塚弘、安田伸、石橋エータローである（のち、結核で一時期療養した石橋に替わり、桜井センリが加入する）。この年にバンド名も「ハナ肇とクレージーキャッツ」に改称する。

ステージで活動するほか、五九年からは「おとなの漫画」（フジテレビ）に出演。六一年からはバラエティショー「シャボン玉ホリデー」（日本テレビ）がスタート。同じ年には植木等の「スーダラ節」が大ヒット。六〇年代を代表するコメディ・チームであり、八〇年代、九〇年代にも音楽の再評価があった。解散をせず、時折、同窓会的にテレビ出演などをした稀有な集団であった。

渥美清

最も日本人から愛された喜劇人だと思う。それは渥美清の中期から後期のことであって、初期の渥美体験はおかしみはあるのだがなんだか少し怖かった。子供ごころにもこの人はカタギではないなと感じていた。

〝脱線トリオ〟人気にあやかって浅草の方からＴＶに出てきた〝スリーポケッツ〟。谷幹一《たにかんいち》、関啓《せきけい》六《ろく》そして渥美清である。おもしろい捨て台詞など言うのだが、いつも〝心ここにあらず〟のようだった。渥美が面白がってないのだ。「三人の将来の為」にとトリオを解散させるといきなりピンでテレビ創世期の「若い季節」「夢であいましょう」でマニアにバカうけ。噂を呼んですぐにメジャー化。

私が大学生になると映画は池袋文芸座で深夜ヤクザ映画五本立て。高倉健と鶴田浩二の時代にＴＶではおかしなテキ屋が啖呵売《たんかばい》を見せる「男はつらいよ」。学生運動華やかなりし時代、男はみんなヤクザかフーテンに憧れていた。

ＴＶ版最終回、いきなり寅《とら》が奄美《あまみ》大島《おおしま》でハブに噛まれて死んじゃった。「オイッ　オイッ　こんな事があっていいのか。見上げたものだよ屋根屋のフンドシ」である。酒をキューッとひっかけた私はフジテレビにガンガン電話。「寅を殺しやがって金輪際《こんりんざい》てめン所のテレビは見ねぇからな！」こんな抗議のTELがひと晩中。あわてた松竹はこれを映画化。当然一本だけと思って作っているので「俺が居たんじゃお嫁にゃ行けぬ」という大テーマを一作で完結しちゃっている。TVではさくらの結婚までのドタバタで延々ひっぱるのだ。予想外に客が入りに入って気がつけば四八作。

私は自分で企画からレポーターまでつとめたNHKの子供番組「600《ろくまるまる》こちら情報部」で第二一作『寅次郎わが道をゆく』の時、大船撮影所に〝アドリブでの一時間インタビュー〟に行った。初対面の車寅次郎《くるまとらじろう》はなんだか嬉しそうだった。終ってお礼を言って機材を片すスタッフと五歩行った所で「お兄《にい》さん……」と呼びとめられた。あわてて近付くと耳元でそっと「お兄さんは売れるよ」と言ってくれた。私が二九歳。たけしと出会う一年前である。

時が流れニッポン放送に成績も面接もブッチギリの若者が入社してきた。修業だと私の番組のディレクターについた。数ヶ月後のある日受け付けに渥美清が「社長さんは？」と立っていた。ニッポン放送中大あわてである。あとから若者は渥美の息子の田所《たどころ》クンだと分った。コネなど使わないのだ。

九六年渥美清死去。一切マスコミシャットアウトの葬儀。私の生番組の中、私からの逆Qで葬儀場の喪主田所は弔辞を読んだ。唯一電波から流れた私との約束である息子の父を送る声が流れたのである。

一九年暮公開の新作『男はつらいよ50 お帰り 寅さん』のコピー。

〝ただいま。このひと言のために、旅に出る。〟

ほぼ8割がイラストレーターという句会に、縁があって渥美清が入会してきた。晩年まだ元気だった頃の2,3年間。熱心な会員で俳号は風天。黒い野球帽、コットンパンツ、スニーカーという寅さんとはまったく違う雰囲気だった。我々の知る渥美さんは隠やかで、控え目で、愛想のいい、とても感じのいい人だった。

渥美清　あつみ・きよし

1928 — 1996

東京・下谷区生まれ。巣鴨中学校を卒業したことは定かだが、その後の足跡はよくわからない。十代の半ばで終戦、その後は上野界隈で的屋をしていたとか、もっとアウトローな世界に関係したとも言われる。五一年、浅草の軽演劇「百万弗劇場」に加入。劇団を渡り歩き、五三年から「浅草フランス座」に出演。結核での三年間のブランクを経て、舞台に復帰。数年のうちにテレビでも売り出し、NHK「若い季節」「夢で逢いましょう」で知られる。六八年、テレビドラマ「男はつらいよ」に出演。翌年、山田洋次の監督で映画化されヒットを記録。以降は、仕事を「寅さん」中心にセーブする。結核の手術により片肺であったことを、なるべく知られないようにしていた。『男はつらいよ』シリーズは九五年までに全四八作品が公開。本名、田所康雄。

三波伸介

八〇年代の〈BIG3〉の前、七〇年代には名実共にTVをひっぱっていた〈三大座長〉が居た。〝ドリフ〟のいかりや長介、〝55号〟の萩本欽一、そして〝てんぷくトリオ〟の三波伸介である。その恰幅の良さ、貫禄、芸の造詣の深さ。絶頂期、昭和五七年、五二歳という若さでの急逝は今でも口惜しく、時々想い出しては、師の画集など開いて一人しみじみ呑む晩もある。

三波は銀座の洋服店の三男坊として育ち、小さい頃から芸能が好きで生まれ育ちの立地条件の良さから浅草やら日比谷劇場街を見てまわり児童劇団に入り、日大芸術学部へもすすむ。新宿フランス座で活躍し、のちに「アッパレ、アッパレ」としか言わない馬鹿殿役で当てる戸塚睦夫《とつかむつお》と出会い、それを見に来ていた伊東四朗を巻き込み〝ぐうたらトリオ〟を結成。芸人達にとっては最も憧れの場所、有楽町の日劇から声がかかり「銀座でぐうたらは困る」と名前を「脱線」の次は「転覆」の時代が来るだろうと〝てんぷくトリオ〟に改名させられる。口の周りを黒く墨でぬった（泥棒メイク）三波が思わず言う「びっくりしたなぁもう」が一世を風靡。大流行語となりTVでも引張り凧。てんぷくコントの座付き作家として井上ひさしが書きまくるも昭和四八年、戸塚睦夫が四二歳という若さで逝ってしまう。三波と伊東で〝てんぷく集団〟と名乗ったがこの頃からふたりは個々にも

仕事を始めている。
　まず三波はＮＨＫの「お笑いオンステージ」で毎週公開コメディ「てんぷく笑《しょう》劇場」（脇には東《あずま》八郎《はちろう》、中村メイコら。脚本は一〇年間、我が師にも当る前川宏司《まえかわこうじ》が書きつづけた）、三波の画才を生かした「減点パパ」のコーナーも人気。黒澤明監督の映画『どですかでん』には監督からの指名で出ている。日本テレビの「笑点」三代目の司会者になる。仕切りのうまさにプロもうなる。

　フジテレビから「どうしても三波さんで一本やりたい」と私も相談を受け「スターどっきり㊙報告」をスタート。肩書き、設定はＮＨＫで座長、日本テレビでは司会なのでフジでは〝キャップ〟と銘打った。レポーターは私の好きな小野ヤスシ、宮尾すすむ、青空球児《あおぞらきゅうじ》ら色物で固めた。

「欽ドン」産みの親、常田久仁子《ときたくにこ》がフジを辞めフリーに。一夜、大久保の旅館に朝まで缶づめで三波伸介、常田、林良三《はやしりょうぞう》（名物ディレクター。〝お魚くわえたドラ猫〟の「サザエさん」の作詞者でもある）らと集りキャラクターを考えるも浮かばず弱り果てている所に朝方、三波がガバッと飛び起き、あのキャラクター設定のイラストをみごとなタッチで描き出した。思わず私は「校長!!」と叫んだ。こうして「三波伸介の凸凹《でこぼこ》大学校」（今のテレ東）は誕生した。この時「俳句の先生」という設定で時々私も出たので、その時の「センセー」で今でも呼ばれる。名付け親は三波伸介。人気コーナーは「エスチャー！」。

　亡くなった日、私は地方に仕事で行っていて羽田空港に着いてロビーのＴＶを見ると「凸凹大学校」の放送中で、そこにテロップで「三波伸介さんが本日〇時〇分、亡くなりました」と流れた。

私はその場にへたり込んだ。

三波伸介が亡くなった時は不謹慎ながら「びっくりしたなあもう！」だった。まだ52歳という若さの急病死だった。生きていればてんぷくトリオの伊東四朗と双璧をなす名コメディアン、名優として活躍し続けただろう。あの楽しかった「凸凹大学校」の構成作家は若き日の高田さんだったんだよなあ。

三波伸介《みなみ・しんすけ》

1930 — 1982

小さいころからの芸好きで、五〇年代の末に新宿フランス座で愛好家に覚えられる以前、水の江瀧子劇団や浅香光代一座に在籍したこともあるという。

二十代の終わり頃には大阪に本拠を移したこともあったが、六一年に東京に戻り、戸塚睦夫、伊東四朗と結成したのが「ぐうたらトリオ」。のちの「てんぷくトリオ」である。

初期てんぷくトリオの持ちネタには「武芸アラカルト」「名月赤城山」「柳生武芸帳」などがあり、いずれも三波伸介の作。コメディアンが、よく知られた芝居の型を、素養として演じることのできた時代である。

のちには井上ひさしを作者に迎え、多くのコントを放送。当時の台本は『てんぷくトリオのコント』(さわ出版)全四冊に入っている。

コントの登場人物も、「凸凹大学校」の校長も、扮装や恰幅のよい体型こみのキャラクターになっている。素を見せるのではなく、ひとつの役柄で通す、昭和の喜劇人であった。

伊東四朗

今から二〇年ほど前、伊東四朗が六〇歳の頃に出版した初の書き下ろし『この顔で悪いか！』がなんともいい。タイトルからして文句なしだ。表紙を描いたのが伊東と同い歳の山藤章二《やまふじしょうじ》。たしか加山雄三も同い歳だからこの世代は元気だ。市ヶ谷の高校を出て就職しようと思って試験を受けたらどこも落ちる。おかしいと思いこっそり内申書を開けてみたら「とっつきの悪そうな男だが、深く付き合ってみればそうでもない」と書かれていた。すでにこの頃よりこう言われていたのだ。真の喜劇役者とはふざけきった顔ではなく、二枚目か怖いくらいの顔が突然おかしな事を言ったりやったりするから、より可笑しくなる。

　早大に通ってた訳でもなく早大の生協で来る日も来る日も牛乳瓶の蓋を開けるバイトをしていた。いつしか足は新宿フランス座へむかうようになり、常連すぎて座長の石井均《きん》から声をかけられ、通行人役で舞台に出たりするようになる。その後、三波伸介・戸塚睦夫と「てんぷくトリオ」を組んで売れたのはご存知の通り。

　トリオブームの時の他のトリオ達と違って「九《きゅう》ちゃん！」など歌って踊るバラエティにレギュラー出演したのが大きい。三波、伊東の芸がショウの中でどんどん磨かれていった。噂に聞く伝説

「コメディアンというのは、最低でも歌は歌手よりうまくなければいけません」。鬼と呼ばれた日本テレビの井原高忠《いはらたかただ》の演出・しごきに堪えた。呼吸《いき》のあった三波とのからみから、ちょいと頭のおかしなコンビ伊東と小松政夫《こまつまさお》という最強の組みあわせが誕生する。

ナベプロ製作で「笑って！　笑って！　60分」（昭和五〇～五六年）ここでは黄色い帽子にランドセルの伊東と父親（おとうたま）の小松政夫。〝小松の親分さん〟もこの番組。

テレビ朝日に移り、「みごろ！　たべごろ！　笑いごろ!!」（昭和五一～五三年）、熱狂的にうけた〝デンセンマン〟の団長〝ベンジャミン伊東〟がすごすぎ。あの頃、伊東の子供がまだ小さかったので、あのメイクなら誰だかバレないだろうと短期間のつもりで演じたそうだ（頭がどうかしている）。この番組では小松演じるガキ、政太郎をいい音をたてるしゃもじでひっぱたきまくる「おかあたま」をエキセントリックすぎる突っ込みでみせ東京中をふるえあがらせた。母を演じたと思えばＮＨＫ「おしん」でみごとな父親役。その芸の巾《はば》は巨人の坂本より広い。

私が雑誌「笑《しょう》芸人」の編集長をやっている時「東京コント王道伝承」と題して「伊東四朗から三《み》宅裕司《やけゆうじ》へ」という大特集を作ったらいたく喜んでくれて、これだと膝を打ち「伊東四朗一座」と「熱海五郎《あたみごろう》一座」を公演しつづけている。東京喜劇をキチンと若い人に教えつなげているのだ。タフマンすぎるのだ。

ニン！　あんたはえらい！

素の伊東四朗のしゃべりを聞いていると、とてもまともなちゃんとした大人だと思う。しかし、まだ若かった頃、まさにちょいと頭のおかしなベンジャミン伊東(相棒の小松与太八佐衛門も)はスゴかった。今の伊東四朗からは想像し難い狂気の沙汰!あれからもう40年か……。その後の三宅裕司とのコンビも絶妙。伊東四朗名コメディアン、名優!

伊東四朗　いとう・しろう

1937 —

東京都台東区生まれ。高校卒業後、就職せずに早稲田大学の生協で働きながら、各劇場の芝居を見て廻る。歌舞伎座では団体客にまぎれて入場し、幕間の食事まで一緒にしていたというからスゴい。興味を持ったのはストリップ劇場の軽演劇で、新宿フランス座に出ていた石井均を中心とする劇団「笑う仲間」に参加したのが一九五八年。同じ一座には戸塚睦夫がいた。「笑う仲間」の解散後、戸塚睦夫、伊東四朗に、ほかのトリオにいた三波伸介が合流し結成したのが「てんぷくトリオ」である(六一年。はじめ「ぐうたらトリオ」と名乗り、六三年に改称)。

数年のうちに日本テレビ「九ちゃん!」、朝日放送「てなもんや三度笠」などに出演。フジテレビ「お昼のゴールデンショー」では連日、井上ひさし作のコントを放送した。

七〇年代以降は単独での活動が多くなり、俳優としてNHK「おしん」、伊丹十三監督『マルサの女』などに出演。舞台では三谷幸喜作品「その場しのぎの男たち」の伊藤博文役が、笑いと怖さを同居させた傑作だった。

古今亭志ん朝

私の知る限り、落語史上最も様子が良くて口跡が良くて、きいているこちら側を一番明るく幸せな気分にしてくれる噺家は志ん朝だろう。なんたって幕内では〝朝さま〟と呼ばれる坊ちゃんである。江戸っ子の粋と東京人としてのスマートさをあわせ持っていた。談志が冬なら志ん朝は夏の大きさ、大らかさなのだ。自身もサザンオールスターズが大好きだった。師匠の出棺の時（〇一年一〇月）、粋な鳶《とび》の連中による木遣《きやり》のあと、サザンの曲が流れてお見送りとなった。〝木遣〟と〝サザン〟、まさにこれこそが志ん朝であった。伝統とモダンである。

少年の頃「若い季節」「サンデー志ん朝」で触れたこれぞミスター東京。さっそうとスポーツカーを乗りまわす落語家なんか居なかった昭和三〇年代。どうやらお父っつぁんはあの古今亭志ん生らしいと分ってびっくり。えっ馬生ってお兄ちゃんなの？　家の中に三人名人が居る、クゥ〜ッ。私は目をまわした。

朝太から志ん朝になり真打昇進。先輩小ゑんを追い抜いての抜擢にただでさえヘソの曲っ

ていた小ゑんはもっとヘソを曲げた。この時の屈辱と嫉妬をバネに生涯を生きる事となるがそれはあとの話。談志となって新宿紀伊國屋ホールで社長田辺茂一《たなべもいち》の肝煎《きもいり》で「談志ひとり会」を始める。すぐに志ん朝は先輩春風亭柳朝《しゅんぷうていりゅうちょう》（小朝《こあさ》の師といった方が今では分りやすい）の胸を借りてイイノホールで伝説となった「二朝会」を始める。

　どちらも毎回通っていた大学生の私はチケット代を稼ぐ為、アルバイトにせっせと精を出す。「落研」の仲間三人位を連れて行き大喜利。ストリップ嬢と関東数県をまわるのだ。ただ、ただ心の中は志ん朝だった。同期の田島（のちの右朝・早逝）は「卒業して、もし噺家になるようだったら明るいから高田は志ん朝ン所へ行けよ。オレは理屈っぽいから談志だな」。そこへ一年後輩の青学生、会《あい》クン（のちのいま圓楽《えんらく》）が来て「両先輩お先に。私は（先代）圓楽ン所へ行くことに決まったから」。へ〜エ、不思議に思った。圓楽を師匠に選ぶんだ……。

　結局、逆に田島は志ん朝門へ。私は作家をやりながら談志門下となり〝立川藤志楼《たてかわとうしろう》〟で昭和五〇年代後半から一〇年間、師と同じ紀伊國屋ホールで独演会。そうこうしている内に「焼きおにぎり」のＣＭから声がかかり、志ん朝と私が師弟という設定のコマーシャル。これは嬉しかった。丸一日スタジオの中で嬉しそうに談志のエピソードを私に話してくれた。

　後日、このＣＭをＴＶで見た談志。「ウ〜ッ、高田は志ん朝が好きか？　お前はオレの弟子だよな」また屈折と嫉妬だった。志ん朝、享年六三。太陽のような人だった。

立川談志

一門の直弟子《じきでし》達のように、緊張感の中に、ずっと永い年月を談志と過ごした訳ではない。私自身の性格からか怖い人、年上の人、尊敬する人には割とフランクにふところに飛び込んでゆく。そして可愛いがられるという特技を持っている。根っからの東京の〝町っ子〟だからだろう。田舎っぺと違って人たらしなのかもしれない。中学生の時、ＴＶの中に（「歌まね読本」）司会をする柳家小ゑんと名乗る小生意気な若者を発見。この時すでに「笑い」と「毒」の鉱脈を発見。志ん朝に先を越され口惜しい思いもしたかもしれないが、真打ちとなる立川談志。のちに落語界のバイブルとまで言われるようになった（私が言い出し、書いたのだが）『現代落語論』でベストセラー。落語ってなァそんなに奥深いものだったのかと鼻を垂らした高校生の私はびっくり。今までボーッとラジオで聴いてた落語が芸術のようなものになってきた。こいつはいけないと日大芸術学部へ入り〝江古田《えこだ》の名人〟となる。新宿紀伊國屋は田辺茂一社長の肝煎で紀伊國屋ホールにて「談志ひとり会」。お金のある時だけはききに出掛けた。ドラムソロを思わせるそのビート・テンポ・スピード。次々と吐く毒にまみれた。〝毒まみれ三太夫〟である。これも命名立川談志の最高傑作。「野ざらし」「源平」「羽団扇《はうちわ》」「反対車《はんたいぐるま》」。若さにまかせて素晴らしかった。身も心も談志に夢中の青年期。「伝統を現代に」をスローガンに立候補。なにをやってもハチャメチャ。酒を呑んで会見やって議員なんか辞めちゃった。すぐにハシゴをはずす人なのだ。

真打制度に異議を申し立て落語協会を脱退。師匠柳家小さん（のち人間国宝）をヘッドロック。八三（昭和五八）年立川流を設立。マスコミからは大バッシング。当人も相当弱っていた。「ここは忠義のみせどころ」と私はビートたけしの手をひいて有名人コース第一号入門。師匠からつけてもらった〝立川藤志楼〟の名で開く独演会は毎回、超話題。〝落語・冬の時代〟と呼ばれたこの時期、談志、私の師弟と小朝だけがマスコミに取りあげられる時代だった。私の人気（？）で談春・志らくという生きのいい若者が続々入門。談志はことの他、喜んだ。八八年には私が真打昇進。「昭和最後の真打ち」〈右朝・こぶ平（正蔵）・歌之介（圓歌）・私〉である。談志との想い出は書き切れない程ある。私がしくじり「すぐに上ロース三枚と現金三〇万円持ってきたら許してやる」と電話のむこうで激怒。よく分らない。志の輔に私は電話をし「お前、三〇万円用意しろ。オレは上ロース三枚買っていくから」と練馬の家へ飛んでいった。今だに志の輔「あの時、なんで私が三〇万円持っていったんだろう」。なんでもいい。テーマは「業《ごう》の肯定」から「イリュージョン」に変わっていた。そして最後は、「江戸の風」と言っていた。戒名は「立川雲国斎家元勝手居士《うんこくさいいえもとかってこじ》」。

今でも時々、小言をくらってみたいなぁと思うことがある。

先日、林家木久扇さんと飲む機会があった。その時こんな事を言っていた。「談志さんと飲むと、もう何時間でも落語の話しかしないの。わたし、落語、そんなに好きじゃないから困っちゃった」木久扇さんらしい口調がおもしろかった。「東の談志、西のやすしになつかれちゃって、わたし、たいへんだったんです」とも。

立川談志 たてかわ・だんし

1936 — 2011

文京区小石川生まれの大田区鵜木育ち。戦時中に小学生だったので疎開もしている。

五二年に高校を中退して五代目柳家小さんに入門。前座名「小よし」。五四年、二つ目に昇進し柳家小ゑんと改名。五六年、ホール落語会「東横落語会」が発足し、開口で「蜘蛛駕籠」を口演、安藤鶴夫らが激賞。同じ頃さかんに聴かせた『源平盛衰記』は現代的センスで平家物語を語り直した出世作。

六三年、立川談志を襲名して真打昇進。紀伊國屋ホールで「ひとり会」を開始し、「金曜夜席」（日本テレビ）では司会、『現代落語論』を上梓したのがすべて六五年で二九歳のとき。

舌禍で世間を騒がせもしたが、高座での「らくだ」「黄金餅」「小猿七之助」などはみごとな至芸。一方で「落語」と「現代社会」の乖離が、後半生の談志を悩ませる。八三年に落語協会を脱退し、落語立川流を樹立。このとき、ビートたけしや高田文夫、景山民夫らを弟子にして、「現代の才能が落語にコミットする」構図をつくった効果は絶大であった。

門人に志の輔、談春、志らくなどがいる。

コント55号

今から丁度五〇年前、昭和四〇年代前半は「トリオブーム」と言われていた。西には〝漫画トリオ〟〝かしまし娘〟〝レッツゴー三匹〟。東には三波伸介の〝てんぷくトリオ〟、東八郎の〝トリオスカイライン〟、そして〝ナンセンストリオ〟〝トリオ・ザ・パンチ〟。そのブームの中、いきなりフレームの上手から下手へ男が男を追い、消えたと思った下手からまた追いかけまわし狂ったかのように飛び蹴りを決める。なんだなんだこの飛び散る汗は。二〇代の青年がおっさんをいたぶりまくっている。このふたりこそ誰あろう史上最強のコンビ〝コント55号〟である。

「欽ちゃーん」と黄色い声援まで浴びた萩本《はぎもと》欽一《きんいち》、「二郎さーん」と素人衆からもさん付けの敬称で呼ばれた坂上二郎。衝撃のデビュー。名作「机」の時からおっさんであった。「忘れもしない、一三年前〜ッ」の欽ちゃんの叫び声が今でも忘れられない。〝トリオの時代〟を「なんでそーなるの」と蹴ちらかし、ふたり組のコントの面白さを全面展開。

漫才は〝ボケ〟と〝ツッコミ〟であると大学でも習った。しかし役作りをする「コント」

は常に「対立」がなければいけないと当時信頼していた先生に教わった。対立のないコントは作るべきでないと懇懇《こんこん》と説かれた。初めて55号を見た時、この衝突こそが〈対立〉だと思った。日本一の人気者になった55号は「同じネタは二度とTVではやらない」と宣言。毎日、二本も三本もTVに出まくっていたが常に新作、ネタおろしと銘打ってそのコントの価値を上げていった。奇才萩本に寄りそうように毎日ネタの設定作りをするコントの怪人・岩《いわ》城未知男《きみちお》の姿が業界内だけで話題になった。「もう一人の55号」と陰で尊敬されていた。この後、番組企画集団〝パジャマ党〟を萩本は作ることになる。

「欽ドン！」など一人の仕事も増えつづけた時、フジテレビが二郎さんを何とかしようと私も参加し金曜夜八時から九時、アクションクイズのような「さあ！　どうする！」を立ちあげるもすぐに没。河田町《かわだちょう》のフジテレビでの収録のあと「一杯やっていこうよ」と私は初めて二郎さんに一対一で誘われ四谷荒木町へ。なじみの店らしく店へ着くやいなやジェラルミンのアタッシュケースを開けた。中には数十本のカセットテープが。カラオケ店などない時代。カセットを入れるとイントロで自ら司会をし歌い出した。「憧れのハワイ航路」である。「あたしはネ　歌手になりたかったの　ヒヒヒ」と笑った。

みごとな歌声だった。あれだけの喉をきいたあの日、祝儀を切らなかったことを今でも悔やんでいる。

お笑い芸人で初めてアイドル的人気者になったのは、東の欽ちゃん、西の三枝（現・桂文枝）ではなかったかと思う。初期のコント55号のコントは本当に衝撃的だった。後にお茶の間向けの欽ちゃん、人情物ドラマの二郎さん、とばらばらになってからは、両方ともほとんど見なくなった。

コント55号　こんとごじゅうごごう

萩本欽一は四一年、東京生まれ。高校卒業後、コメディアンを目指して浅草の東洋劇場に入り初舞台。

坂上二郎は三四年、鹿児島生まれ。歌手を目指して上京、付き人や実演司会者などをしたが、うまくいかず、浅草の軽演劇に出演。

この二人が六六年に結成したコンビが「コント55号」。当時の檜舞台である日劇に早くから出演し、六八年には「お昼のゴールデンショー」、「コント55号の世界は笑う」（ともにフジテレビ）が放送開始。

従来のコントは、常識以下の振る舞いをする人物に、まともな人物が「突っ込み」を入れるパターンが多かったが、コント55号の場合は、二郎さんの「まともな日常」に狂気の世界にいる欽ちゃんが闖入、ひたすら揺るがすという設定が多く、不条理劇に似る。

専属の作者であった岩城未知男の台本は、『コント55号のコント』（サンワイズ・エンタープライズ出版）にまとめられている。

ザ・ドリフターズ

大人気だったクレージーキャッツに少し翳りが見えてきた一九六六（昭和四一）年、ワタナベプロの後輩であるザ・ドリフターズがジワジワときていた。私が高三の時に見たＮＥＴ（今でいうテレビ朝日）の「テレビ演芸場」では「ドレミの歌」の替え歌を歌って大爆笑。「なんだろうこの連中は？」と子供ごころに注目。落語家・漫才師のあいだに入ってのコミックバンドというとちょいとおしゃれさが漂うが、歌ってる内容は最悪。〝ドはドブ板のド、レは霊柩車のレ、ミは水虫のミ、ファは出っ歯のファ……〟なんだこの毒入りはと興味をもった。すぐにＴＢＳで「８時だヨ！　全員集合」が始り大ブレーク。クレージーのリーダー、ハナ肇に名付けられたメンバーはいかりや長介《ちょうすけ》、加藤茶《ちゃ》、高木ブー、仲本工事《なかもとこうじ》、荒井注《あらいちゅう》。いかりやとエース加藤の年齢差は一二歳。荒井注はのちに体力の限界とカラオケ機械の不入事件により若き志村けんとチェンジする。

一九七二（昭和四七）年大学を出た私は当時超売れっこ放送作家で日劇の演出家でもあり、ドリフのチーフ作家だった塚田茂の弟子のようなものに。松岡孝、鈴木哲、私の若い三人はすぐに「全員集合」に見習いとして預けられた。すでに伝説ともなり様々な本でも描かれているが週三日は地獄のような会議と稽古。昼の三時頃、ＴＢＳに全員集合し大きな会議室で息を殺して夜中の二時までいかりやのＯＫを待つのだ。いかりやは死ぬほど怖かった。長〜いコの字のテーブルが作られ司会席か、お誕生日席のような処に長さん、長い列にプロデューサー、ディレクター、作家連中がズラリ座り、こちらにはドリフのメンバーから美術、技術、衣裳、あらゆるスタッフが長さんがアイディアを想いついた瞬間に対応できるよう黙って座っているのだ。七二年七三年、重苦しい空気にたえきれず私はひとり脱走。松岡と哲は番組最後まで残り台本を書き続けた。ふたりはドリフ番組の看板作家になった。

それからおよそ一〇年。私は裏番組の「オレたちひょうきん族」で「タケちゃんマン」を書き続け、視聴率も逆転しみごと恩返し。「みごとな攻撃だな、タケちゃんマン」といったところか。

いかりや氏の最晩年、ある場所でバッタリ。刑事役で俳優として渋く認められている頃だ。いかりや氏の方から手を差しのべてくれて、シッカリ私の手を握り「あの頃は若かったから色々すまなかったねぇ。いやな思いもさせちゃって……。我々の〝笑い〟もたけしクンや高田クンの〝笑い〟もどちらも正しかったと思うんだ。オレ不器用だからさ……」

私はなんだか胸に飛び込んで思い切り泣きそうだった。

「ジスイズアペン」「なんだバカヤロー」の荒井注が抜けた時はガッカリした。16年間付き人をやり「全員集合」にも時々出ていたすわしんじを正式メンバーにしてほしかった。それにしても高田さんの文中最後のいかりや長介との遭遇場面には泣かされる。

ザ・ドリフターズ　ざ・どりふたーず

一九五〇年代末におきたロカビリーブームの流れの中で結成されたカントリー・バンドが「桜井輝夫とザ・ドリフターズ」。数年後に碇矢長一（のちのいかりや長介）、加藤英文（のちの加藤茶）が加入し、桜井輝夫の引退後、碇矢がリーダーを引き継ぐ。バンドの常としてメンバーの離合集散があり、六四年、いかりや、加藤茶、高木ブー、荒井注、仲本工事の五人が揃って現在の「ザ・ドリフターズ」になった。六六年、「ザ・ビートルズ」来日公演で前座を勤め、録画も残る。六九年に「8時だよ！ 全員集合」（TBS）がスタート。平均視聴率三〇％以上の大人気。七四年、荒井注が脱退し、ボーヤだった志村けんがメンバーに起用される。七七年に「ドリフ大爆笑」（フジ）が放送開始（月に一回）。「全員集合」で生放送の客前コント、「大爆笑」ではスタジオコントをレギュラーで提供した。九〇年代以降は個別の活動が多くなり、いかりや長介は俳優として「踊る大捜査線」ほかで評価を得る。二〇〇一年に荒井注が、〇四年にいかりやが逝去。

横山やすし・西川きよし

きれいにセットされたリーゼントにあのメガネ。「怒るで、しかし」「メガネ、メガネ」と床に手を当て探しまわるその仕草。言わずとしれた横山やすしとその相方、西川きよしである。

かのエンタツ・アチャコでさえそう呼ばれる事もなかった「日本一の漫才師」という称号を「やすきよ漫才」で手に入れた。ボケとつっこみが途中で自在に変わるその妙技はあたかも中国雑技団か変面師のような鮮やかさである。

横山やすしは画に描いて日展に出したいような古い形の〝ザ・芸人〟。今の時代ではまったく通用しないノーコンプライアンス、時代が生んだ爆笑アンチヒーローだった。〝呑む・打つ・買う〟オール一〇〇点越え。トラブル、不祥事は数知れず。横山やすし・本名木村雄二は中学二年生の時に同級生とコンビを組んでラジオの「漫才教室」に出ている。この時から物の分る連中の間で「浪花にものすごい天才漫才少年がおる」と評判になる。その噂は東京に居た一〇歳の私の耳にも届いていた。高名なる漫才作家、秋田實《あきたみのる》に入門し何人も相方を変え横山ノック（あのパンパカパーンである）の弟子となり横山やすし。その頃、吉本新喜劇の研究生だった大きな目玉の西川きよしと最強のタッグを組むこととなる。さまざますぎるスキャンダルと昭和五五年に起きた漫才ブームでの牽引ぶりは、日本人なら誰でも知るところ。

今でこそ吉本ナンバーワンの地位を獲ったダウンタウンだが、若き日そのまるでやる気のない様な漫才を初めてみた横山やすし「コラッ、なんやそらぁ。〝チンピラの立ち話〞か」こういう見立てが才能なのだ。

もうひとつ好きな話。なんばグランド花月《かげつ》の舞台袖の椅子に座って待っていたやすし、そこへ若手が「お先に勉強させてもらいます」「こらっ、勉強は家でしてこい！」ごもっとも。

私が三五歳くらいの時か、一丁前に若手の売れっ子面して書いたり出たりの大忙し。大阪の〝やすきよ〞のTVからオファー。クイズの解答者のようなもの。大阪のスタジオまで行って一時間二時間待てどもやっさんは来ない。

「今日は撤収しまーす」

大阪の人は慣れているようだった。一ヶ月後、別の大阪の〝やすきよ〞のトーク番組に呼ばれて行っても一時間以上待っても現われず二時間後ベロンベロンのやっさんがスタジオ入りし私をみつけて「よぉ、東京のお人！　すまんのォ」

横山やすし、享年五一。

日本一の漫才師と呼ばれたやすきよだが、ぼくが一番面白いと思ったのは、あの漫才ブームよりもっと以前、70年代彼等が20代の後半から30にかけてぐんぐんと勢いをつけてきた頃だと思っている。しかし、その頃の映像や録音を意外と見たり聞いたり出来ないのが残念。

横山やすし・西川きよし　よこやま・やすし　にしかわ・きよし

横山やすしは一九四四年生、大阪生まれ。中学在学中に同級生とコンビを組み、朝日放送の素人参加番組「漫才教室」に出演。中学卒業後、そのままプロになり、角座で正式に初舞台を踏んだのが五九年。

西川きよしは一九四六年、高知県出身。自動車溶接工場勤務を経て六三年、吉本新喜劇の「通行人」役で舞台を踏む。

天才少年として期待を集めながらもコンビ別れを繰り返したやすしと、新喜劇の若手であったきよしが「やすしきよし」を結成したのが六六年。すぐに頭角をあらわし、七〇年に上方漫才大賞を受賞。しかし、同年末にはやすしが傷害事件を起こし、やすしは長期謹慎をする。復帰後も圧倒的な面白さと、数々のトラブルが、このコンビにはつきまとう。

漫才ブームのとき、やすしきよしはすでに別格のベテランだったが、実年齢はツービートなどとほぼ変わらない。コンビを解消したのが八〇年代末と、すでに三十年の昔だが、いまでも多くのDVD、CDが流通する。

樹木希林

み

ごとな生き方だった。薩摩琵琶《さつまびわ》の奏者である父より中谷啓子と名付けられ、女優となって「悠木千帆《ゆうきちほ》」。TVのオークション番組に出た時「売るものが無い」と自分の芸名を売っちゃった。あの時は見ていて笑った、笑った。考えて作った名前が「樹木希林《ききりん》」。どういう意味かときけば「木が集まって希《まれ》な林になる。人が集まると何かが生まれて育っていくという意味」

成程。これが芸能・芸ごとの本質なのだ。ひとりよがりじゃまったく駄目。皆で集まってこさえていくのが大切。

二〇歳の時TVドラマ「七人の孫」で森繁久彌から評価をうける。この時、勝手に森繁の弟子を名乗ったのが向田邦子《むこうだくにこ》（脚本家）、久世光彦《くぜてるひこ》（演出家）、樹木希林（女優）の才能のかたまりの様な三人である。森繁亡きあとも、物事に対してキチンと、きびしく、ハッキリと毒も少しブレンドして、最終的にユーモラスな味わいを残すこの形が森繁イズムを踏襲する話芸だと私は勝手にそう思っている。

七〇歳を越えた頃、何回か私のラジオにも来て頂いたがやりとりは常に局と自分でＦＡＸ。マネージャーなど居ないから出演番組も自分一人で決める。当日は自分でハンドルを握って、時間通りにやってくる。何事もキチンとしている東京人。「いつもすいませんネ」と言うと「ホラ、性分が似てるから。話してて面白いから来るのよ」

ひとに何かを決められるのが嫌いなのだ。

ＣＭの間、小声で「もう一人のジュリーだもんね」。そう「寺内貫太郎一家」でポスターにむかい腰をくねらせ「ジュリ〜ッ」。あの沢田研二と私がまったく同じ誕生日なのだ。ちなみに昭和二三年六月二五日生まれ。そのジュリーを大阪でみつけてきたのが旦那様、内田裕也である。〝ジェキナベイビー裕也〟はジュリーとキリンの目ききのプロデューサーとしても近代芸能史に特筆すべき大人物なのである。

「時間ですよ」「寺内貫太郎一家」。「ムー一族」で歌った郷ひろみとのデュエット「林檎殺人事件」。「それなりに……」の富士フィルムのユーモラスなＣＭ。ピップエレキバンの会長とのＣＭも妙におかしかった。コメディエンヌ炸裂。そして後半になると映画に軸足を移し『東京タワー　オカンとボクと、時々、オトン』『歩いても　歩いても』『わが母の記』『あん』『万引き家族』……とシリアスな方向へとむかっていった。これも森繁久彌の影なのか。

最高のコメディエンヌだった。「寺内貫太郎一家」が始まったのは31歳になったばかり、あの「ジュリ〜〜ッ」のきん婆さんが。まだ悠木千帆の頃。とにかくおもしろかった！「七人の孫」でデビューしたのは20歳で、まだ文学座の研究生。実はその頃、絵の学校「セツ・モードセミナー」にも通っていてちゃんと卒業もしている。ぼくは入れ違いの2年後輩。遭遇できなかったのが残念。

樹木希林　きき・きりん

1943 — 2018

高校卒業後の六一年、文学座付属演劇研究所に一期生として入学。研究所では「体の力の抜き方」というレッスンもあり、これが後年「お化けのロック」の踊りに役立ったという。じつはそのころ、長沢節（イラストレーター、デザイナー）が主宰する「セツ・モードセミナー」にも通い、デッサンの勉強もしていた。

　六四年、テレビドラマ「七人の孫」の女中役で注目される。このドラマでADをしていたのが若き日の久世光彦だった。七〇年代以降は「時間ですよ」「寺内貫太郎一家」「ムー」「ムー一族」と久世光彦演出作品に出演し、劇中歌の「お化けのロック」「林檎殺人事件」（ともに郷ひろみとデュエット）もヒット。

　はじめ文学座で一緒だった岸田森と結婚、離婚して内田裕也と再婚、七七年には芸名の悠木千帆をチャリティ・オークションにかけ樹木希林に改名、と話題をふりまいた。

　没後に出された発言集『一切なりゆき 樹木希林のことば』は現時点で一五〇万部を超すベストセラーになっている。

タモリ

ほとんどの人が知らない事だが（知っても仕方のない事なのだが）「笑っていいとも！」と今なお続く「タモリ倶楽部」は同時期に番組をスタートさせている。昭和五七（一九八二）年の一〇月のことだ。それまでフジテレビの昼は〝漫才ブーム〟の勢いにまかせてB&Bの司会を中心に「笑ってる場合ですよ」。ブームは二年で去り夜の顔でもあったサングラスのタモリを昼日中にもってきた。今で言えば（これもちと古いが）江頭《えがしら》2：50が昼の顔になるようなあやうさ、デンジャラスさだったがタモリのインテリ部分、マニアックな部分が受け入れられた。おたく文化のはしりだったのだろう。

のちに〈BIG3〉と讃えられるたけしとさんまには演芸場の楽屋に届いた餃子のにおいがするがタモリは酒場のかわきモノのにおいがする。密室芸と呼ばれていた所以だろう。

来る日も来る日も生放送で新宿アルタへ通っていた日々から解放されるや思い切り表を歩き出した「ブラタモリ」が大好評ときては道楽商売やめられないだろう。趣味に生き続ける姿勢は「タモリ倶楽部」で脈々と続けられる。私は初期の頃やっていた我が盟友・景山民夫《かげやまたみお》

（ラストはおかしな事になったが）が脚本を書き続けたメロドラマ「愛のさざなみ」が大好きだった。

「タモリの代表作ってなんですか？」と問われれば、私は迷わず二〇〇八年八月、タモリがこれ以上ない人生の恩人、赤塚不二夫の告別式で読みあげた弔辞だと思う。実は白紙だったという。最後にこう結んだ。

「赤塚先生、本当にお世話になりました。私もあなたの数多くの作品のひとつです」

　自分を見出してくれた恩人へのリスペクトがこめられた挨拶だった。

　仲間内から〝タリモ〟と呼ばれていた男が『の・ようなもの』の衝撃監督デビューで「いいとも」の「テレフォンショッキング」に出た。私は昼飯を食べながら見ていた。

　タモリが「なんで落語家の世界を映画にしたの？」「僕の先輩が高田文夫で僕一番弟子みたいなもんで」「えっ、高田ちゃんの？」

　見ているこっちこそ「えっ!?」だ。この生放送の一〇年以上前、小言を云って江古田で別れたあの男。森田芳光《よしみつ》が森田一義《かずよし》とブラウン管の中に居て私の噂をしている。タモリとタリモか……森田と森田、なんだか夢が森々してきた。

タモリとたけしはほぼ同じ時期にブレイクしてお笑い界に革命を起こした。40年以上も前の事だ。ぼくにとってはトシが近いせいも有って、この2人には特別な思い入れがある。今のタモリも味が有っていいが、以前はもっと毒舌でいろんな芸をやっていた。デタラメなハナモゲラ語。4ケ国語麻雀。ちょっとアタマのイカレタ中洲産業大学教授。寺山修司がいかにも言いそうな事を長々としゃべる物真似。懐かしい!

タモリ　たもり

1945 —

一九四五年、福岡県生まれ。本名・森田一義。早稲田大学ではモダンジャズ研究会に在籍。大学中退後、福岡に帰りサラリーマンをしていたが、七二年ごろ、当地を訪れた山下洋輔、中村誠一らのホテルでの「遊び」に突如乱入し、即興の能楽囃子、インチキ外国語で一夜のセッションをした。朝方になって「森田です」と名乗った男は、山下たちに強烈な印象を残した。この評判により、赤塚不二夫や筒井康隆などを交えたグループが福岡から「森田」を招き、「密室芸」を鑑賞するに至る。

その後、赤塚不二夫の支援により、再上京。「タモリ」を芸名に七〇年代半ばからテレビやラジオに出演。当初はいかがわしいキャラクターであったが、NHK「テレビファソラシド」(七九年~八二年)に出演。同番組の作者・MCの永六輔は「NHKにタモリを出すためにこの番組を作った」と後に語る。「笑っていいとも!」(八二年~一四年)、「タモリ倶楽部」(八二年~)、「今夜は最高!」(八一年~八九年)以降の活躍は広く知られるところ。

ビートたけし

今さら誰がなんと言おうがビートたけしである。「フライデー襲撃事件」「バイク事故」そして最近では「オフィス北野を辞め、そして離婚」。芸能生活をおびやかすこと、生命の危機。様々あった。むしろありすぎた。その度に不死鳥のようによみがえる。それがツービートの背の小さい方かもしれない。ツービートの口の悪い方がビートたけしと認知された日、それはＣＨＡＧＥ ａｎｄ ＡＳＫＡからＡＳＫＡが脱退した日のことのようかもしれない。昭和五六（一九八一）年一月一日「ビートたけしのオールナイトニッポン」スタート。圧倒的面白さでぶっちぎりの人気。構成兼話し相手の私までがチヤホヤされだした。調子に乗るだけ乗った二人はすでにやりたい放題。たけしも真っ赤なポルシェを買ってどんどん成り上ってゆく。この頃、矢沢永吉は『なりあがり』（ｂｙ糸井重里《いといしげさと》）。ビートたけしは「やみあがり」（ｂｙ高田文夫）。時代を写す言葉は山本晋也監督の「ほとんどビョーキ」。そんな空気感の中、五七（一九八二）年二月六日、たけしと私は、ロケと洋七が「きれいな姐ちゃん居《お》るから」と言うので札幌は薄野《すすきの》へ。きいて来たクラブへ陣取る我々。「うわぁ〜嬉しい、たけしさんだったらもう死んでもいい」という小《ちい》ママ。お店の黒電話から呼び出され私が出ると「もしもし、もう北の大地に入っとんの？　タケちゃ

んも文夫ちゃんも入ったら入ったと言ってくれんと。何かあっても知らんよ。千春はいいけど宗男ちゃんが黙っとらんよ」。ガチャリ。あゝ恐。これが噂の松山千春。「長い夜」になりそうだ。次の日、ロケをやり私は原稿書きなどあったのでひと足早く東京へ。西新宿のマンションの四階に家族は住んでいて書斎が八階。七日の夕方、書斎がピンポンうるさい。のぞくと頭の上に雪を乗っけたたけしとあの小《ちい》ママが。「タクシー下に待たせてっから。金貸して。ホテル代も」手持ちの五万円を渡し「あっそうだ。ニュージャパンへ行ってみて。いつも我々作家が急ぎの台本を書く時用に畳敷きの部屋を常にTBSがキープしてあるから。「TBSの部屋」っていえば空いてりゃ泊らしてくれるから」と送り出したはいいが、ン？　妙な胸さわぎ。

そして二月八日早朝「ホテルニュージャパン」炎上。逃げまどう人々。ビックリ。炎の中でコマネチをする姿。どうしよう、どうしよう。たけしが所属する太田プロにもこの状況は伝えられない。なんせ札幌でマネージャーをまいて私の家へ来たのだ。心配の中、半日が過ぎ午後遅く、何事もなかったように電話のむこうから「今度五万返すから。何かあった？　オレ？　ニュージャパン行ったらいっぱいでさ、高田さんちの近くの新宿のプリンス泊っちゃって」だと……ダンカン、バカヤロー。この時からすでに〝不死身のたけし〟だったのだ。この日ニュージャパンを撮っていた報道のヘリコプターはすぐに「羽田へ向かえ沖を撮れ!!」。なんと日航機が墜落。心身症の機長。やっぱりほとんどビョーキの日本だった。

ツービートは漫才ブームで大ブレイクしたが、たけしがそれに輪をかけ人気を不動のものったしたのは、あの「オールナイトニッポン」だと思う。高田さんがたけしを乗せた功績は大きい。2人のトークは絶妙の極み。メチャクチャやってた。ぼくは深夜に大爆笑しながら仕事をしていた。高田さんも人気者になった。この絵は同じ頃やっていた『オレたちひょうきん族』のタケちゃんマン。

ビートたけし　びーと・たけし

1947 —

一九四七年、東京都足立区生まれ。

明治大学工学部に進学したが、大学をドロップアウトして浅草フランス座のエレベーターボーイになる。深見千三郎の指導のもと、ストリップのつなぎのコントに出演。七二年に兼子二郎（ビートきよし）と漫才コンビ「ツービート」を結成。松竹演芸場などに出演。

七〇年代後半から一部で話題を集め、八〇年に起きた漫才ブームでは東京漫才の旗手として活躍。八一年から「オールナイトニッポン」（ニッポン放送）がスタート。すべてのモチーフを笑いに転化してみせる視線、そのときに有効な東京言葉。たけしのANNはいち番組にとどまらず、従来の「フリートーク」の枠組みをくつがえす革命であった。丸十年（九〇年終了）続いたが、高田文夫が相方を勤めた八八年末までが圧倒的な面白さ。

八三年に大島渚監督『戦場のメリークリスマス』に出演。八九年に北野武名義で『その男、凶暴につき』を監督。今日までの監督作品は一八本にのぼる。

明石家さんま

誰がなんと言おうが明石家《あかしや》さんまである。誰が呼んだか「お笑い怪獣」。八一年スタートの「オレたちひょうきん族」から四〇年間、ずっとずっと〝お笑い〟の、いや〝TV〟のトップを走り続けてきた。〝タケちゃんマン〟の宿敵としての〝ブラックデビル〟。のちに姿を変え〝シットルケ〟。その時歌っていた。

〽シットルケのケ　シットルケのケ
　これで三十　シットルケのケ

そうなんだ。あのピークの時、まだ三〇歳だったのだ。少し年上の私はさんまに喜んでもらおうと暴れまわれる土台となる台本をコツコツ書いていた。初めて会ったのは確か八〇年に起きる漫才ブームの少し前。大阪の方から噂は耳に届いていた。あの頃（七八年？）ドームなんて無かったので雨でプロ野球中継が中止になった場合用に「雨傘番組」というものを用意した。適当に三〇分、一時間埋めるだけなので若手のディレクターの勉強用に作っていた。仲間のフジテレビのディレクターに様々、声をかけられその中の一本が若手噺家による「爆笑プロ野球」。私がキャスティングしたのが野球トークで東の桂米助《かつらよねすけ》（今のヨネスケ）、西の月亭八方《つきていはっぽう》。爆笑形態模写おすすめは東の

小遊三《こゆうざ》。ダラダラ走る江川のランニングやらヤクルト安田のふざけた投法。そして西からは喋りは一切なく、ただただこれ一本の形態模写。阪神、小林繁をやるさんまである。超の付く爆笑をとった。フジの名物ディレクター（後のひょうきんディレクターズ）佐藤ちゃんと三宅ちゃんは大喜び。

「これからはさんちゃんだね！」

漫才ブームの尻尾にくっついて出て来たさんまは一気にごぼう抜き。早くも頂点をむかえ「男女7人夏物語」で出会った大竹しのぶと結婚。幸せを手に入れたかに見えたさんまをマスコミは「結婚してつまらなくなったさんま」とバッシング。唯一の低迷期。九二年九月河田町のフジテレビにて離婚会見。この時の模様を、この年「電波少年」がスタートした松村邦洋《まつむらくにひろ》が克明に覚えていた。

「あの時、フジテレビの特番〝無知《むち》との遭遇〟で僕ら若手がクイズ解答者で集められて、司会が高田センセーとさんまさんだったんですよ。二本撮りで。一本目撮り終ったらバタバタして、会見だって。メイク室行ったらさんまさんがおでこに『×』書いてて」。これが伝説となった〝「バツイチ」誰も気づかず事件〟。バツイチという言葉もここから日本中に広まった。スタジオへ戻ってきたのでさんまちゃんに「どうだった」ときくと「全然うけまへん」。そりゃそうだ。笑いを獲る場ではないもの。最もすべった「子は鎹《かすがい》のグリーン豆」が私は一番好きだ。古典落語「子別れ」別名「子は鎹」と春日井《かすがい》をかけたのだ。アハハハ。

今から40年ほど前、桂三枝（現・文枝）が司会の人気番組「ヤングおー！おー！」にさんまがまだ20歳そこそこで出て来た時は、また関西からオモロイ兄ちゃんが出てきたくらいの認識しかなかった。しかし、さんまのスゴさは認識を改める事になる。あれよあれよの快進撃でいつの間にか"お笑いビッグ3"た。この絵は「オレたちひょうきん族」のブラックデビル。

明石家さんま　あかしや・さんま

1955 —

和歌山県生まれ。七四年に笑福亭松之助に入門。貰った名前が「笑福亭さんま」。早くからタレント活動に主軸を置いていたため、「笑福亭」ではないほうがいいだろうと松之助は判断、自身の本名「明石徳三」から「明石家」の亭号をつくり、さんまに与えた。ちなみに、八〇年頃までは、ときおり落語の高座にも出演していた。

関西では「ヤングおー！おー！」（毎日放送）などで七〇年代後半から人気を博していたが、東京では「オレたちひょうきん族」（八一年〜八九年）のレギュラー出演で大ブレイク。俳優としては「男女7人夏物語」「男女7人秋物語」で好演。コメディアンのトレンディドラマ進出として画期的だった。コント番組としては、あまり語られないが「さんま・一機のイッチョカミでやんす」（八九年ー九〇年）が傑作。

「さんまのスーパーからくりTV」「恋のから騒ぎ」「明石家サンタ」など〈素人〉を扱うことが巧い。じつは、さんまの番組の主要なディレクター、作家は萩本欽一の番組スタッフである。その意味で、さんまは欽ちゃんの笑いの系譜を継いでいるとも言えよう。

笑福亭鶴瓶

ひとに関わりすぎて生きて行く。プロアマ問わず、老と若にも関係なくひたすらその細い目で人をたらしていく。とうに六〇を過ぎたと言うのに積極的に笑われている。「鶴瓶師匠」「ツルベちゃん」「ツルベ」しまいには後輩タレント達から頭叩かれながら「べえ！」である。これ程いじられる六〇代がいるだろうか。さんまがSなら鶴瓶はマゾのMであり頭髪M字のMである。若手の芸能人に言わせるとあれだけ長いキャリアを持つ人なのに一番電話がかけやすい六〇代だと言う。もっともだ。それ程の親しみやすさという事だろう。当人に言わせると日本一、サインが出まわっているタレントだという。「二千円札より出まわってるンとちゃう」。どんな番組、どんな高座ででも出会った人はずっと覚えている。道を歩いていても「キャーッ、ツルベさん、私一〇年前……」と手をさし出してきたらそれより早く、「覚えてるよ」である（ウソに決まっている）。運と縁を何故か引きよせるあのメガネの奥のあまり笑っていない目になんだか分らない力があるのだろう。運と縁が恩となり自然とそれが円になる。長い落語史上、これ程稼いだ噺家はさんまと鶴瓶しか居ないだろう。

海外に別荘を持つなんて志ん生の時代に考えられました？

大学を中退して二十歳の頃、六代目笑福亭松鶴《しょかく》の門をたたく。鬼のように怖い師匠だった。兄《あに》弟子達には憧れた仁鶴《にかく》やら鶴光《つるこう》ら錚錚《そうそう》たるメンバーが居た。弟子達から怖れられた師匠の家へつづく坂。行きは「ため息坂」、ホッとして帰る時は「口笛坂」と名を変えた（いい話である）。若き日の鶴瓶は御存知の通りアフロヘアにオーバーオール。〝おやっさん〟はなにひとつ落語は教えてくれない。すでに師匠はこいつは落語なんかにとらわれずに自由にやってた方がおもろいと見抜いていたのだろう。すぐにラジオ・TVのレギュラーが来る。「鶴瓶・新野《しんの》のぬかるみの世界」（七八年〜）、私はこの番組をヒントに演者と作家がしゃべるというスタイルで「たけしのオールナイトニッポン」（八一年〜）。TVでは上岡龍太郎との「パペポTV」（八七年〜）。その間、東京進出失敗やらポロリ事件やらがあって五〇歳過ぎて小朝に熱くすすめられ〝古典落語〟という鶴瓶にとっての聖域へ足をふみ入れていくこととなる。

晩年の談志を病院へ見舞った。天下の談志がもう弱々しい声で「チンポというものは……」いきなり言う。「料簡が分るンです。たけしに出せと言えば出す。俺も出す。三枝と小朝は出さない。お前は出せと言わなくてももう出してる。えらい」

〝もう出している男〟として生涯をまっとうして欲しい。

あのアフロヘアで売れ出したのが70年代後期。BIG3もみんな大体同じ頃。今のM字までもう40年以上。生来の愛敬と人なつっこさ、そして膨大なエピソード（自身の事、見た事、回りで起きた事）が武器。関西芸人特有の声の悪さ（しゃべり過ぎ）は、桂南光に次いで第2位！それもマイナスにならず個性として生かしてはりまんな。

笑福亭鶴瓶　しょうふくてい・つるべ

1951 —

大阪生まれ。京都産業大学在学中にフォーク仲間とつくったバンドが「あのねのね」。初期はデュオではなく、駿河学（鶴瓶）と、のちに結婚する夫人が在籍していたことはよく知られている。

七二年、六代目笑福亭松鶴に入門。

ほどなく関西のラジオやテレビでも活躍し、なかでも「鶴瓶・新野のぬかるみの世界」（ラジオ大阪　七八年〜八九年）は、東京にまで評判が届いていた。鶴瓶はいまでも「ヤングタウン日曜日」（ＭＢＳ）を担当。大阪発のラジオ番組にこだわり続けている。

今世紀に入るころから落語の高座が多くなるが、それ以前に放送されていた「ざこば・鶴瓶らくごのご」（朝日放送九二年〜九八年）は桂ざこばと毎回〈三題噺〉を競う内容で、面白いテレビ落語を聴かせた。

映画俳優としては『東京上空いらっしゃいませ』『ディア・ドクター』『夢売るふたり』『閉鎖病棟 ―それぞれの朝―』などの代表作がある。

吉本新喜劇

関西の人達にとってそれは日常生活の中に普通にあるのだ。一九五九年三月「うめだ花月劇場」がオープン、同時に誕生した「吉本新喜劇」。そして二〇一九年三月「そんな阿呆な」新喜劇が六〇周年を迎えた。途中、何度か解散の危機も耳にしたがすでに還暦ではあ〜りませんか。次から次へと出てくるスターに座長。その層の厚さが東京に居てもMXなどで見ているのでよく分る。若き日は、取材やらロケで大阪へもよく寄せてもろうてましたので、その度に小屋はのぞいていた。

現在はキャラクターもキャリアもまったく違う四人の座長システム。先日もNHKのドキュメンタリーで追いかけていたが小籔千豊《こやぶかずとよ》の浪花風味の「笑い」へのストイックさが凄い。新喜劇の作・演出をやって、東京でピンのタレントもやってバンド活動でドラムである。「すち子」で只今大ブレイク中はすっちー。吉田裕《よしだゆたか》との〝乳首ドリル〟がやたらおもろい。そして酒井藍《さかいあい》に川畑泰史《かわばたやすし》。この四人で休みもなく薄給で毎日まわしていく早い話が〝座長クラブ〟でもある。

思えば様々なギャグ・冗談・流行語が飛びかった。六〇年代はなんといっても岡八郎と花紀京《はなききょう》の時代である。奥目の岡、エンタツの息子・花紀のあっさりとしたおかしみの何と良かったことか。原哲男（かば）とのからみも絶品。

七〇年代に入ると二人のニュースター誕生である。木村進と間寛平《はざまかんぺい》。そこへからんでくる池乃めだか、桑原和男。

八〇年代に入ると漫才ブームが起こり、若いファンは若き漫才師に夢中。新喜劇人気が下火になり「吉本新喜劇 やめよッカナ？ キャンペーン」。このタイミングに出した「吉本新喜劇ギャグ百連発」のビデオが大爆発。みうらじゅんをプロデューサーにこの頃、私もマスコミあちこちで吹聴しまくった。「君たちが居て、アッ僕がいる」のチャーリー浜やらポコポコヘッドの島木譲二ら、そこへ今田耕司らが参戦。

九〇年代には石田靖、辻本茂雄らがニューリーダーとなり藤井隆・山田花子ら若手座員も人気に。まだまだ書ききれないおもろい人がいっぱい居る。コケながら、コケながら新喜劇は前へと進んでいく。

「かい――の！」

ぼくは関東の人間にしては、吉本新喜劇を長年見続けてきた。高田さんが書ききれなかった中で、ぼくがおもしろいと思った人を大体古い順に挙げると、平参平、井上竜夫、室谷信雄、船場太郎、Mr.オクレ、内場勝則、島田珠代……今日はこれくらいにしといたるわ。

吉本新喜劇　よしもとしんきげき

吉本興業は戦前から、寄席の番組のなかに漫才や落語だけでなく唄やダンス、コントを見せる「ショウ」を組み込んでいた。

戦後に新開場（五九年）した「うめだ花月」でも、ごく初期から「吉本ヴァラエティ」という軽演劇を上演している。はじめは、吉本所属の役者が花菱アチャコくらいしかおらず、大村崑、芦屋雁之助・小雁、藤田まこと、白木みのるなどを招聘しての公演だった。

六三年一一月の「秋晴れ父さん」という芝居ではじめて「吉本新喜劇」のクレジットが確認できる（白羽大介、平参平、笑福亭松之助らが出演）。朝日放送では土曜日に、毎日放送では日曜日に劇場中継もはじまり、秋山たか志、花紀京、ルーキー新一などの人気役者を輩出。その後の世代が桑原和夫、井上竜夫、間寛平、池乃めだか、といった面々になる。

現在は座長四人体勢（座組が四班）をとり、なんばグランド花月、よしもと祇園花月で上演をしている。

イッセー尾形

三一名のこの並びの中にイッセー尾形が入るというのが私の趣味の良さである。東京っ子のセンスである。本名が尾形一成。かずしげをイッセーとしたのだ。

八一年「お笑いスター誕生」で金賞の時はおどろいた。世はまさに漫才ブームで爆笑型の笑いがTVのまん真ン中を突き進んでいる時、イッセーは地味なクスクス型の「ひとり芝居」。建築現場で一緒に働いていた仲間（森田雄三）が演出。森田は片足が不自由。まさに二人で、二人三脚であのアートな世界を創造しつづけてきた。漫才ブームの喧騒の中、ひとり背を向けた大人の芸である。初期の名作には「バーテン」「アトムおじさん」「ヘイ、タクシー」など。

八〇年代から九〇年代半ばまで春の新宿紀伊國屋ホールの風物詩に二枚のポスターがある。共にあの山藤章二画伯が描いた。並べられた二枚。「立川藤志楼vs高田文夫　ひとり時間差落語会　企画 山藤章二」そしてもう一枚が「イッセー尾形の都市生活カタログ　企画 山藤米子《やまふじよねこ》」。文化度とアンテナの高すぎるいい大人が競い合って毎年毎年前売りチケットを取りあった。〝即完売伝説〟はこのふたつの会から始まった。今はちょっと売れるとすぐに「最もチケットが取れない○○」なぞ言うがふざけんなである。ちなみに山藤米子とは章二画伯の夫人。キャリアウーマンの先駆者の

ような人で、若き日は雑誌を作ったり放送作家をやったり。その時代の友人に談志夫人が居る。独身時代から二人は仲良く、山藤・談志と知り合う前から友人同志だったのが面白く不思議な芸縁を感じる。

イッセーは言っていた。

「脳内で芝居は作るが、シミュレーションができない。その時、その時の一瞬。舞台は球際《たまぎわ》が大事」

長いことライヴでやってきた。本当に球際に強い男なのだ。友達はまったく居ないらしい。それなのに、すでに恒例となった、私の「ラジオビバリー昼ズ」のその年の一番最初の日には必ず珍なる楽器を山ほど私のスタジオへ持ちこみマカ不思議なコンサートを二〇年以上も勝手に続けている。私はただ、呆然と見ている。年頭に必ずやってくる獅子舞いのようなものだ。さっと演奏し歌うとまたどこかの村へ行ってしまう。

永年連れそった演出の森田氏と別れ一人の道へ。先日深夜、鶴瓶の番組に出て「演出の人も居なくなって、これからどうすンのン?」ときかれ「夫婦《めおと》漫才やろうかなとも思ってアハハ。人形劇もいいかなと。指だけだし。影でしゃべって……まあそれか、どこかの高校の演劇部の顧問でもやろうかなと思ってアハハ」

我が道を行く。また正月!

イッセー尾形が昭和天皇を演じた「太陽」という映画の演技が素晴しかった。長年やってきた一人芝居で、随分演技力が磨かれたのではないかと思う。ぼくの感覚では、彼は芸人、コメディアンというより役者、俳優という感じがする。一人芝居の演出の森田雄三氏亡き後は、元々演劇畑出身でもあるし、役者、俳優としての活躍を期待したい。大きなお世話か…。

イッセー尾形　いっせー・おがた

1952 —

一九五二年、福岡県生まれ。父親が保険関係の仕事をしていた関係で引っ越しを繰り返し、小学校三年から東京暮らし。

高校卒業後、演劇学校に入学し、いくつかの公演にも出演。あまり語られないが、七二年には高田純次（「自由劇場」の研究生だった）と劇団を旗揚げし、ベケットの劇を演じた。

ビルの建設現場で働きながら、八〇年に「バーテンによる12の素描」を発表。演出はその後、長くコンビを組む森田雄三。

八一年にオーディション番組「お笑いスター誕生」（日本テレビ）に出演し、一躍注目をあびるが、いわゆる「お笑い」の枠には入らず、翌年には「都市生活カタログ」の公演を開始。渋谷ジャンジャンや紀伊國屋ホールでの一人芝居をベースにテレビやCMにも出演する、という独自のスタンスを貫いた。

一二年、長らく活動を共にした森田雄三との創作活動を解消。近年は映画などでも活躍をしている。

清水ミチコ

岐阜県は高山《たかやま》、御存知、清水ミチコである。誰が言ったか「国民のおば」。どんな法事でも〝溶け込みシリーズ〟でジャストフィット。誰にでもなれる。誰の声でも出せる。誰の歌でも本人以上に歌える。文句なしの〝イミテーションゴールド〟なのだ。座右の銘が「隣人は芸のこやし」らしい。駆け出しの頃、今はもう無い渋谷の〝ジャンジャン〟で芸を披露。初めて清水を見た永六輔は少ししゃくれ気味にこう言ったとか。

「君は芸はプロかもしれないけど、生き方が素人ですネ。浅田アメ」

そのまま遠くへ行ったらしい。

今の様にたくさん女芸人が居ない頃から〝笑い〟という男社会で芸を光らせてきた。同世代の女芸人といえば野沢直子、山田邦子、久本雅美くらいのものである。そんな強豪の中でも、今でも一人で、ピンで武道館を毎年いっぱいにしているのは清水だけである。武道館へ家から歩いて見に行くのが毎年暮か正月の恒例の縁起物となっている私である。その高すぎる音楽性と低すぎる思想性にしばしめまいすら覚える。ユーミンが〝ユーミソ〟となり、やたらお布施を欲しがる瀬戸内寂聴《せとうちじゃくちょう》が出てきたり、ピアノ演奏までみごとにマネしてしまう矢野顕子《やのあきこ》。黒柳徹子《くろやなぎてつこ》に万が一のことがあっても次の日から清水がそのまま「徹子（ミチコ）の部屋」をやっていても国民の半分は分らないと思う。

　私とのラジオも二五年以上。忘れられないポイントがふたつ。その日のゲストは大将、萩本欽一。私に熱弁をふるっていた。「だからねぇ、女の人のお笑いはダメなの。男みたいに、つっこみのつもりでピタンと叩いても、痛そうにみえちゃうでしょ。お客さんから同情されたらコメディアンはダメなの」。黙ってきいていた清水「そんなもんすかねぇ」。やや不満気味。「ほらね」と萩本が清水のおでこを軽くピタッ。萩本「ホラッ目つぶっちゃったでしょ。本当のコメディアンはおでこ叩かれても目は開いてる」とあれこれ喋らせておいて清水いきなり大将のおでこピシャッ!!「ホラッ自分だって目つむった」「つっこみにつっこんじゃ本当にダメなの」と三人で大笑い。喜劇界において大将を思いきりたたいた女で若手は清水だけ。

　もうひとつ想い出深いのは私も清水も親しくしていた消しゴム版画のナンシー関《せき》。亡くなった次の日が生放送。ふたりでなんと号泣してしまってほとんど放送にならなかった。あとにも先にも私が放送で泣いたのはこの時だけ。ものまねの鬼の目にも涙。心優しい部分もあるのだ。

　私のひとまわり下のネズミ年、まだまだ一二年以上面白いことだけやって朗らかに生きてくれ。機嫌の良さも芸のうち。

最初見た時、女タモリ現わる、という印象だった。南伸坊が長年やっているいろんな有名人に化けるというネタの女版をやったり、いろんな集団にばれないように溶け込む、というヘンな芸を見せたり…。でも、何といってもメインの芸はピアノを弾きながらの歌マネ。芸人、コメディエンヌというよりエンターテイナーという感じ。女タモリではない、独特の世界を作った。

清水ミチコ　しみず・みちこ

1960 —

一九八六年二月一六日の清水ミチコの「ものまね講座」（渋谷ジャンジャン）を見た永六輔はこう書いている。「なんとかなると思っているのだが、まだ、どうにもならない若手タレント。しかし気になる存在。（中略）プロの技術を持っているのに、生き方がアマチュアなのである」（『なんといううまさなんというへた』）。この当時すでに「一〇年前の矢野顕子」というネタをやっていたともあり、ごく初期から客の質を選ぶ芸であったことがわかる。

笑いの芸を披露するが、いわゆる「芸人」の感じはあまりなく、細野晴臣コンサート（二〇一八年・中野サンプラザ）のゲストとして自然にステージを勤めていたように、本質的には「音楽」の人であろう。

十八番のユーミン（厳密には「ユーミソ」）は、楽曲はもちろん、記者に取材を受けて「問題外です」と返答する口調まで、ぞっとするほどに似ている。近年はユーミンが挨拶で「こんばんは、清水ミチコです」というつかみを言う逆転現象まで起きている。

ダウンタウン

東京の「笑い」の革命には〝B・T〟（ビフォーたけし）と〝A・T〟（アフターたけし）、たけし以前と以後があるように、大阪から全国区になった「笑い」に〝B・D〟（ビフォーダウンタウン）と〝A・D〟（アフターダウンタウン）がある。まさにそれは大革命であった。ダウンタウンの漫才を初めて見た横山やすしが「チンピラの立ち話か!?」と喝破したように昔の様式の漫才しか頭の中になかった人達にとっては訳の分らんものだったのだ。しかし若い人達には圧倒的共感と支持を得た。

八一年から始まった「たけしのオールナイトニッポン」が終りそうで「オレたちひょうきん族」が終った八九年九月、大阪で熱狂的な人気を誇った「4時ですよ〜だ」を終了させ松本人志《まつもとひとし》と浜田雅功《はまだまさとし》は東京進出を決め全国制覇をめざした。この時の戦略家が吉本〝闇営業〟問題で脚光を浴びてしまった大崎氏である。関東のオールナイト世代（爆笑問題・浅草キッド・松村邦洋・宮藤官九郎ら）は相当影響を受け、たけし&高田をそれなりにリスペクトしているものだが、松本と浜田にとっては屁とも思ってもいなかった文化なのだろう。そ

れ以前に、きいていなかったようだ。そのオリジナリティあふれる汚れなき脳味噌は怒涛《どとう》の進撃を始め九一年には「ダウンタウンのごっつええ感じ」。松本が本（『遺書』）を書けば二〇〇万部、浜田がCDを出せば二〇〇万枚。まさに天下を獲った感。九七年にはフジテレビとのスレ違い問題などもあって「ごっつ」を降板。松本の笑いの天才脳にプロデューサーも作家もついていけない状態であった。

私が三〇年以上、元旦にフジテレビで朝の八時頃から夕方まで毎年長時間で生放送していた「初詣《はつもうで》！ 爆笑ヒットパレード」。MCが三波伸介、三枝（文枝）の時代からさんま&たけしの時代、その年のお笑いのベストを毎年揃えた。たしかたけしが事故った年、ダウンタウンに長時間MCをお願いした事があり事前の打ち合せと本番。予想に反して浜田がひたすらニコニコ、腰低く、礼儀正しいので私もびっくり。社交的なのだ。たけしと同じにおいのする松本はやはりオドオドして、上目使いでうなずくだけ。予想通りだったが本番になると一転して大爆発。私の予想の百倍も面白い事を発した。ハードパンチャーの凄味。松本、今では「すべらない話」「IPPONグランプリ」「M‐1グランプリ」「笑ってはいけないシリーズ」そして「ワイドナショー」までお笑い界を絶対的に支配できる方法論、ツールを手に入れた。あの時代のたけしの様に、いま松本の脳味噌のお陰で、まだ来年もさ来年もTVは面白い箱でいられる気がする。なにより、関東の雄とんねるず・爆笑問題と相容《あいい》れないというのがいい。

「太郎くんは花屋さんに花を買いに行きました。さてなんでしょう？」初期の漫才のシュールなクイズネタ。ちょっと変った面白いヤツラが出て来たなと思っていたら、たちまち大ブレイク！小学校からの同級生は32歳で芸能人長者番附で松本1位、浜田2位。今や芸歴37年、56歳。すっかり大物に。ただ浜ちゃんがダウンタウンDXで大先輩に対しても頭をひっぱたくのは、ハラハラしまんなァ。

ダウンタウン　だうんたうん

一九八二年、高校を卒業した浜田雅功が、小中学校の同級生だった松本人志を誘ってNSC（吉本のお笑い芸人養成所）に一期生として入学する。松本は就職先が決まっていたが、それを辞退しての選択だった。ほどなくして劇場デビュー。旧来の徒弟制度とは無縁の漫才師の登場である。八四年にABC漫才・落語新人コンクール最優秀新人賞受賞。

八五年にコンビ解散した紳助竜介の島田紳助が「サブロー・シロー、ダウンタウンには勝てない」と、ブレイク前のダウンタウンの名をあげたエピソードは象徴的だ。

八七年、毎日放送で夕方の帯番組「4時ですよ〜だ」をスタートさせると人気沸騰。関西での若手トップに躍り出たが、そこに留まらず、二年後には東京に基盤を移した。八九年秋にスタートしたのが日本テレビ「ダウンタウンのガキの使いやあらへんで！」で、番組の歴史は二人の東京でのキャリアと一致する。この番組ではながらく、漫才形式のトークで視聴者を楽しませた。

爆笑問題

絶　好調な今の東京漫才のてっぺんに居るのが爆笑問題。この本とほぼ同時期に出版した『面白い人のことばっかり！』(小学館)にもメインで書いたのだが私の〝日芸高田的三バカ大将〟の一組が爆問。あとは志らくとクドカン。三組とも視聴率を持っていない。おかしな議員から「太田は数字がない」といわれ、あとは「グッとラック！」と「いだてん」だ(ほっといてやれ！)。彼らは学生時代から私と会っているのだ。日芸の江古田の学園祭で「高田文夫杯ぬらりひょん大賞」というのが催され、一〇組のコントのようなものを見せられ、チャンピオンに選んだのが陽気なチビのいるコンビだった。このチビこそ後の田中裕二だ。この時、相方はまだ太田ではなかった。すぐに太田とコンビを組み、憧れのツービートの居る太田プロへ。時代背景もあるのだろうが暗くうっ屈し、つっぱらかったネタをあえてやるような神経質な猫背と我関せずで陽気なチビの組み合せ。それでも私は妙に心にひっかかり、とりあえず面白そうだから談志の所へ連れてった。大して呑めない酒を強がっていつものように談志は呑んで、照れくさいのか、目も合わさず「ずっと別れるなよ。太田はこいつを離さない方がいい。ヨシッ分った！　天下獲ってこい」。ふたりは晩年の彦六のように震えながらきいていた。

この言葉の数年前、爆問のSマネージャーが悪だくみを企て、爆問をひき連れ独立を計ったのだ。悪事千里、噂はすぐに広まり爆問はTV・ラジオ・芸界から干されたのだ。爆問はなにも悪くなかったのにだ。

辛い日々。くさる太田、見えない明日。なのに陽気な田中。心はマッチだった。

そして数年、いよいよ復活の日。彼らはスタートしたばかりの勝ち抜き演芸番組「GAHAHAキング」に挑戦。勿論《もちろん》審査員は私。テリー伊藤らも居た。「なんで今さらチャレンジしてるの!?」という声の中、彼らは一〇週勝ち抜き初代チャンピオンとなった。私も心底うれしかった。ここからの怒濤の反撃はみごとなもんで談志に言われた「天下獲ってこい」を忠実に守り、TVタレントとしても超メジャーになっていった。忙しい中でも舞台の漫才を大切にし、今でも毎月のように若手育成の為のタイタンライブで新作を作り続ける。そしてラジオを基地として楽屋噺のような面白さを二〇年以上続けている。私は「爆笑問題カーボーイ」（TBS）を毎週聞いているし、太田は私の「ラジオビバリー昼ズ」を全部きいている。番組内で互いに松之丞を巻き込んでのエール交換が楽しい。

太田が憧れ続けた漫才ブームの時の東西のツートップ、横山やすし、ビートたけし。彼らにあって太田に足りないもの、それは〝前科〟である。「前」があって愛嬌があれば何を言ってもだいたい許される。松本人志か、太田光《ひかり》か……あ〜っ、早く捕まってくれ。

2人共54歳で芸歴32年というのには驚く。若い！田中なんて小柄で童顔なので（ちょっと太ったが）今でも少年みたいだ。片タマなのでニコチン（タバコ）をやめて、きれいな奥さんがいるのに。昔、54歳の漫才師といったらみんな初老の感じだった。ビシッとしたおしゃれなスーツ姿もいい。太田の微妙な毒舌ボケ、田中の巧妙な多弁ツッコミ。いつまでも若々しくやり続けてほしい。

爆笑問題　ばくしょうもんだい

太田光と田中裕二はともに一九六五年生まれ。太田は埼玉県、田中は東京都中野出身。

日本大学芸術学部演劇学科在学中に知りあい、コンビを結成したのが八八年。昭和の末からのキャリアがあり、終了間際の「11PM」（日本テレビ）で不動産屋のコントを披露している。

すぐに漫才に主軸を移し、マスコミでも活躍。ただし、事務所独立騒動があり、九〇年代あたまに露出の少ない時期があった。

九三年に「GAHAHAキング」（テレビ朝日）で一〇週勝ち抜き初代チャンピオン獲得。同年、みずからの事務所タイタンを設立。代表取締役は太田光代。九七年にラジオ番組「爆笑問題カーボーイ」（TBSラジオ）が放送開始。現在も継続中。

いまも「タイタンライブ」で定期的に新作漫才を披露。若手の頃から出演している国立演芸場「花形演芸会」にも年一回登場、これはいつも即完売になる。「タイタンライブ」はお笑いのライブビューイング（映画館生中継）としても先駆である。

サンドウィッチマン

伊達《だて》みきお、富澤《とみざわ》たけし、二人でサンドウィッチマン。その昔はもう一人居て、そいつを挟むからサンドウィッチだったらしいが、もうそんな事ァどうでもいい。最早《もはや》日本一の漫才師である。TVに出る人の好感度だって永年王者だった明石家さんまを抜いて一位なのである。仙台の高校のラグビー部として知り合い、以来一度も喧嘩すらした事がない。東京へ出てきて売れるまで二人はずっとずっと一緒にせまい、こきたない部屋に同棲していた。それ程の仲良しでもあやまちはなかったらしい。代表作とも言える「ピザのデリバリー」で〇五年「エンタの神様」に初登場。正しく言えば〝ピッツァ〟であるが……。そしてなんといっても感動的なあのシーン。漫才史上最大の夢とサプライズ、吉本のイベントにあって関東勢の意地をみせた〇七年のM‐1グランプリ、大会史上初となる敗者復活枠からの優勝。圧倒的なVだった。私はラジオでこう言ったと記されている。「今回のM‐1の、本当の一位から三位くらいまでは敗者復活戦の行なわれたあの大井競馬場にいたんじゃないの？」。その時、その瞬間の発言だからリアルである。ナイツの塙《はなわ》が本を出して『言い

訳　関東芸人はなぜM-1で勝てないのか』、一九年八月発売で売れて話題にもなった。出版記念で本の対談を伊達と塙がしていて塙が「あの敗者復活戦、僕らの前にサンドウィッチマンさんが出て、それこそ死ぬ程うけていて、僕らは戦意喪失。あの時のサンドさんは衝撃でしたね。(略)サンドさんが優勝した時、僕ら非吉本軍団は全員で〝ヨッシャー!〟ってなって」。伊達も言う「あの時一体感みたいになのがあって。もう勢いだけで決勝へ行って、舞台の上で初めて島田紳助さんや松本人志さんをナマで見てもう心臓バクバクですよ。漫才の立ち位置の関係で、富澤からは審査員が見えるんですが、僕からは見えない。僕は緊張しないのでよかったですね。あれでもし〝うわっ松本さんがいる〟ってなったらもうネタ全部飛びますよ」。それ程、繊細な空気と芸なのだ。優勝の瞬間何を思ったか富澤にきいたら「アッこれで借金が返せる!」。売れる売れない以前に金なのだ。それ程、貧しかったのだ。

歓喜の〇七年のあと一一年には故郷の東日本大震災。〝東北魂〟を訴え、募金活動。感動的であった。今でも闘っている。

五年前か、私のラジオの二五周年祭りを有楽町のよみうりホールというでっかい所で開催し、富澤の作ったネタを私が覚え、伊達と漫才〝ヨンドウィッチマン〟。私のアドリブも入れバカうけで、伊達と私が舞台から意気揚々と降りてくると、袖に仁王立《におうだ》ちで腕組みをしていた富澤、余程《よほど》悔しかったのだろう。目には涙。オレの伊達を獲られたと思ったのか……嫉妬か。おっさんずラブか。「ちょっと何言ってるかわからない」

ガタイのいい（伊達ではカタ太り？）ガラの悪そうなのが出て来たなと思ったが、演じ出したらオモシロイ，オモシロイ！悪そうなのは見かけだけ。あのルックスでいつの間にか茶の間の人気者に。好感度はさんまを抜いて1位に！テレビのバラエティーで活躍しながらも漫才、コントを大事にしてるのがうれしい。ネタの数が多いので、ネタ作り、たいへんだろうけど。

サンドウィッチマン　さんどうぃっちまん

伊達みきお、富澤たけしは共に一九七四年、仙台市生まれ。仙台商業高校のラグビー部で知りあい、富澤の誘いで九八年にコンビ結成。

上京後、二人で共同生活をしながら、数々のライブに出演。

二人のステージは「コント漫才」と呼ばれる形式が基本。「ハンバーガー屋の店員」と「客」などの役割があり、その設定にそってストーリーが進んでいく。

大ブレイクのきっかけとなったのは二〇〇七年の「M・1グランプリ」。敗者復活枠から決勝トーナメントに進出。「街頭アンケート」と「ピザ屋のデリバリー」のネタで見事優勝をつかんだ。一本目のネタを見た審査員のオール巨人は「完璧に近い。なんで彼らが、この舞台に敗者復活戦ではなしに残ってへんのかな」と激賞した。吉本系でも上方系でもないコンビの逆転劇であった。

二〇一一年に震災被災者支援のための「東北魂義援金」を設立。この活動で現在までに四億二千万円以上の支援をしている。

ナイツ

なにかを企んでいるようなあやしい目つきで次から次へと「クスクスッ」を誘う塙の小ボケに対し、にこやかなお役所仕事のように、適確に訂正の判を押していく土屋。これがナイツだ。〃小ボケ〃と〃訂正〃、これでワンセットのギャグ。

「ボケと訂正まで全部作っているのが私ですから塙自身が偉いのです」など言う。

塙宣之と土屋伸之、どちらも名前が〃のぶゆき〃なのだ。これだけ珍なコンビもめずらしい。違う字で書いても読み方は〃のぶゆき〃。五月《さつき》みどり、小松みどりという姉妹なのに下の名前が同じという例は過去にもあったが古すぎて共感しづらい？

塙が大学の一年先輩。コンビを組んですぐに塙がバイク事故、足の切断まで覚悟する大怪我。舞台にはもう上がれないかもしれないとまで言われても土屋は信じてずっと待った（一寸くさい話だ）。〃のぶゆき〃のつながりがあったのだろう。

塙の兄が数年前「佐賀県」を当てて、紅白歌合戦にも出場した〃はなわ〃。「ＳＡＧＡ」と「ヤホー」。兄弟でヒットギャグを持つというのも珍しい。〃うける若貴《わかたか》〃である。土屋の母

はその昔〝売れない演歌歌手〟。母が所属していた縁もあるのか浅草の古い芸能社〝マセキ芸能〟へ。今はもう亡いがその頃は長老の会長（しゃべり方も震えて晩年の彦六のようだった）。当時、吉本興業が浅草の５６５６会館《ごろごろ》などでも興行を打つようになり不安になった会長は夜中になると私の留守電に「セ〜ンセ〜イ、吉本が〜、攻め〜てくる〜ッ」（ガチャリッ）。毎晩のことだった。相当おびえていたのだ。

ナイツは会長の口ききで内海桂子《うつみけいこ》の弟子となり寄席（東洋館）の出演を無理矢理義務づけられる。「古い」「浅草」「漫才協会」と「負」のイメージまみれの中、ふたりの頭の中は他の若手芸人のように華やかなＴＶの中で売れたいと思っていた。そんな中、漫才の新発明「ヤホー漫才」が生まれた。人気も少し出て自信もついた。東洋館での楽屋仕事やら呼び込み、名前も知らない古い芸人の世話、それらが身について面白くネタになった。この若さで漫才協会副会長に抜擢した青空球児会長と協会もえらいが、ＴＶに出る度に浅草の古い芸人のエピソードを面白く語るナイツの人間くささにおかしみが出てきた。おぼんこぼんの仲悪ブレイクも仕掛けた。

何度もＭ‐１に挑戦したが、時は流れ今では塙はＭ‐１の審査員席が似合う男になった。「高田文夫のラジオビバリー昼ズ」（木曜）、「ナイツのちゃきちゃき大放送」（土曜）とラジオの喋り芸も絶好調である。すでに〝東京漫才〟の大看板である。おぼんこぼんの年令になるくらいまで仲良くやってくれ。

ナイツもオモシロイ，オモシロイ！塙が連発する言葉間違いのボケに，土屋が絶妙に訂正するツッコミ。漫才協会の先輩ベテラン芸人をイジるネタもオモシロイ。テレビで売れると漫才をしなくなるコンビも多いが，彼等は30代後半で塙は漫才協会副会長，土屋は常務理事に。（という若さ）いつでも漫才は続けるだろう。先日，初めて独演会に行ったが，ナマはやっぱり迫力があっていいな。

ナイツ　ないつ

塙宣之と土屋伸之は共に一九七八年生まれ。大学の落語研究会で知り合い、塙の誘いで二〇〇一年にコンビ結成。

塙の著書『言い訳　関東芸人はなぜM‐1で勝てないか』によれば、〇六年から〇七年ごろに、塙の間違った知識に土屋が訂正を入れ続ける「ヤホー漫才」のスタイルを確立。〇八年から一〇年まで、三年連続で「M‐1グランプリ」の決勝進出を果たした。〇八年には「NHK新人演芸大賞」を受賞。

漫才協会と落語芸術協会に所属し、浅草の東洋館や落語の寄席にコンスタントに出ている。寄席芸人であり、マスコミの第一線でも活躍する漫才師は東京ではめずらしい。

「お笑い演芸館＋」（BS朝日）で東西の芸人を紹介し「水曜日のダウンタウン」（TBS）では、先輩の「おぼんこぼん」を仲直りさせようとするなど、「笑いの芸」へのリスペクトが深いコンビである。

あとがき

峰岸達

どーも、イラスト界では少し偉い峰岸達画伯です。

ぼくがお笑いに目覚めたのは、小学三、四年の頃、伴淳の「アジャパー！」や、トニー谷の「さいざんす、ネチョリンコン」の時代です。

戦前からのエノケン、ロッパ、金語楼もいましたが、戦後派のコメディアンが台頭してきた時代ですね。古〜い話ですね。

そして、サンドウイッチマン、ナイツ等が全盛の現在まで六十有余年ずーっとお笑いファンであり続けたのです。筋金入りです。

仕事でいろんな人の似顔絵をいっぱい描いてきましたが、芸人、コメディアンを描くのが一番乗れるし楽しいんです。

過去には小林信彦さんの連載の「笑学百科」や「天才伝説 横山やすし」等で芸人、コメディアンをいっぱい描いたりしました。それこそ乗って楽しい仕事でしたが、単行本になると絵は小さなカットになっちゃうか、まったく載せてもらえないか、なのです。これは出版界では当たり前の普通のことなのですが、イラストレーターとしては淋しいことです。

他にも本の装画等で芸人、コメディアンはいろいろ描いてきましたが……。

そこで、ここらでひとつ芸人、コメディアンばかりをカラーでバッチリ描き、まとまった一冊の本が作れないかと思いたったのです。

でも、絵だけで単行本化するのが難しいのはよく分かっています。そうだ、文章を高田文夫さんにお願いしよう、と思ったのです。前に一度会っただけなのですが……。笑いに関する造詣が深く軽妙洒脱で小気味いい文章を書く高田さん（トシが近いと言うのも大事な条件でした）。その文章と拮抗する気合の入った絵を描き、あか抜けた楽しい本を作りたいと願ったのです。当編集部もこの話に乗ってくれました。

今まで作家から指名を受けて挿絵を描く事は何度もありましたが、こちらから作家に文章をお願いするのは、長いイラストレーター人生で初めてのことです。

ありがたい事に高田さんからは快諾をもらいました。

先ずはぼくが掲載希望候補を数十名挙げ、そこから高田さんが選び加え三一人に決まりました。

ちょっと手間をかけ、文を書き絵を描き、願い通りのそれこそ極上の一冊に仕上がったと思います。

只、ここには載らなかった優れた面白い芸人、コメディアンはまだまだたくさんいます。この本が売れて、パート2が出せるのを願って止みません。

最後にこの本の企画協力と、各芸人とコメディアンのプロフィールを作成してくれた和田尚久くん、カッコイイ装丁をしてくれた鈴木千佳子さん、上手に舵取りをしてくれた編集の千田麻利子さん、その他、この本の刊行に関わってくれた全ての人たちに深謝。

高田文夫

たかだ・ふみお

1948(昭和23)年、東京都渋谷区生まれ。小学生のときにテレビで「作・青島幸男」のクレジットを見て放送作家を将来の職業に決める。日本大学藝術学部放送学科を卒業し、放送作家の塚田茂に弟子入り。1973年「ひらけ！ポンキッキ」で放送作家デビュー。「スターどっきり(秘)報告」「三波伸介の凸凹大学校」「らくご in 六本木」「オレたちひょうきん族」など数多くのヒット番組にたずさわり、1981年に始まったラジオ「ビートたけしのオールナイトニッポン」は、あまたのチルドレンを生む。80年代前半に放送作家ブームを起こし、景山民夫とのコンビでラジオ「民夫くんと文夫くん」を担当。1983年に落語立川流Bコースに入門、紀伊國屋ホールでの独演会は毎回超満員。1988年に立川藤志楼として真打昇進。1989年から始まったラジオ「高田文夫のラジオビバリー昼ズ」は2019年に30周年を迎えた長寿番組となり人気を博している。『面白い人のことばっかり！　ザ・笑売じょうずたち』(小学館)、『TOKYO芸能帖 1981年のビートたけし』『東京笑芸ざんまい　わたしの芸能さんぽ』(以上、講談社)、『ご笑納下さい　私だけが知っている金言・笑言・明言録』(新潮社) など著書多数。

峰岸達

みねぎし・とおる

1944(昭和19)年、群馬県高崎市生まれ。青山学院大学中退、セツ・モードセミナー卒業。1960年代後期から「平凡パンチ」「MEN'S CLUB」など主に若者向け雑誌のイラストレーションを手がける。1970年代中頃、方向性に迷いが生じ、仕事が激減。試行錯誤の末、昭和レトロを表現する事に活路を見つけ、1979年、描きためた作品を「話の特集」(AD・和田誠)に持ち込み、グラビアに掲載される。それ以後、本の装画、小説の挿絵等様々な仕事を多数手がける。1988年、東京イラストレーターズ・ソサエティの設立に参加。長く理事、公募審査員、展覧会委員長等を務めるが、2017年、退会。1994年、講談社出版文化賞さしえ賞を受賞。2005年以降、私塾「MJイラストレーションズ」を主宰し、多くの若手イラストレーターを育成。主な著書に『昭和少年図鑑』(ねじめ正一氏との共著　白泉社)、『私の昭和町』(PHP研究所)、『PORTRAIT』等。

MJイラストレーションズ：http://minegishijuku.com/

企画協力／経歴文作成　和田尚久

DTP　横川裕之
製版　ディレクター　村田治作（株式会社 山田写真製版所）
　　　コーディネーター　板倉利樹（株式会社 山田写真製版所）
装丁　鈴木千佳子

画文集《がぶんしゅう》　芸人《げいにん》とコメディアンと

著者　高田文夫《たかだふみお》　峰岸達《みねぎしとおる》

発行所　株式会社 二見書房
　　東京都千代田区神田三崎町2-18-11
　　電話 03(3515)2311［営業］
　　　　03(3515)2313［編集］
　　振替 00170-4-2639

印刷・製本　図書印刷 株式会社

落丁・乱丁本はお取り替えいたします。
定価は、カバーに表示してあります。

ISBN978-4-576-19196-6
https://www.futami.co.jp/